예언적 예배의 능력

THE POWER OF PROPHETIC WORSHIP

THE POWER OF PROPHETIC WORSHIP
BY DAVID SWAN
COPYRIGHT © TAN SUAN CHEW(DAVID SWAN) SECOND EDITION 2001
KOREAN TRANSLATION COPYRIGHT © 2008, 2019 BY BETHEL BOOKS

이 책의 한국어판 저작권은 벧엘북스에 있습니다.
저작권법의 보호를 받는 저작물이므로 무단전제와 복제를 금합니다.
저자의 견해 중 일부는 출판사와 다를 수 있습니다.

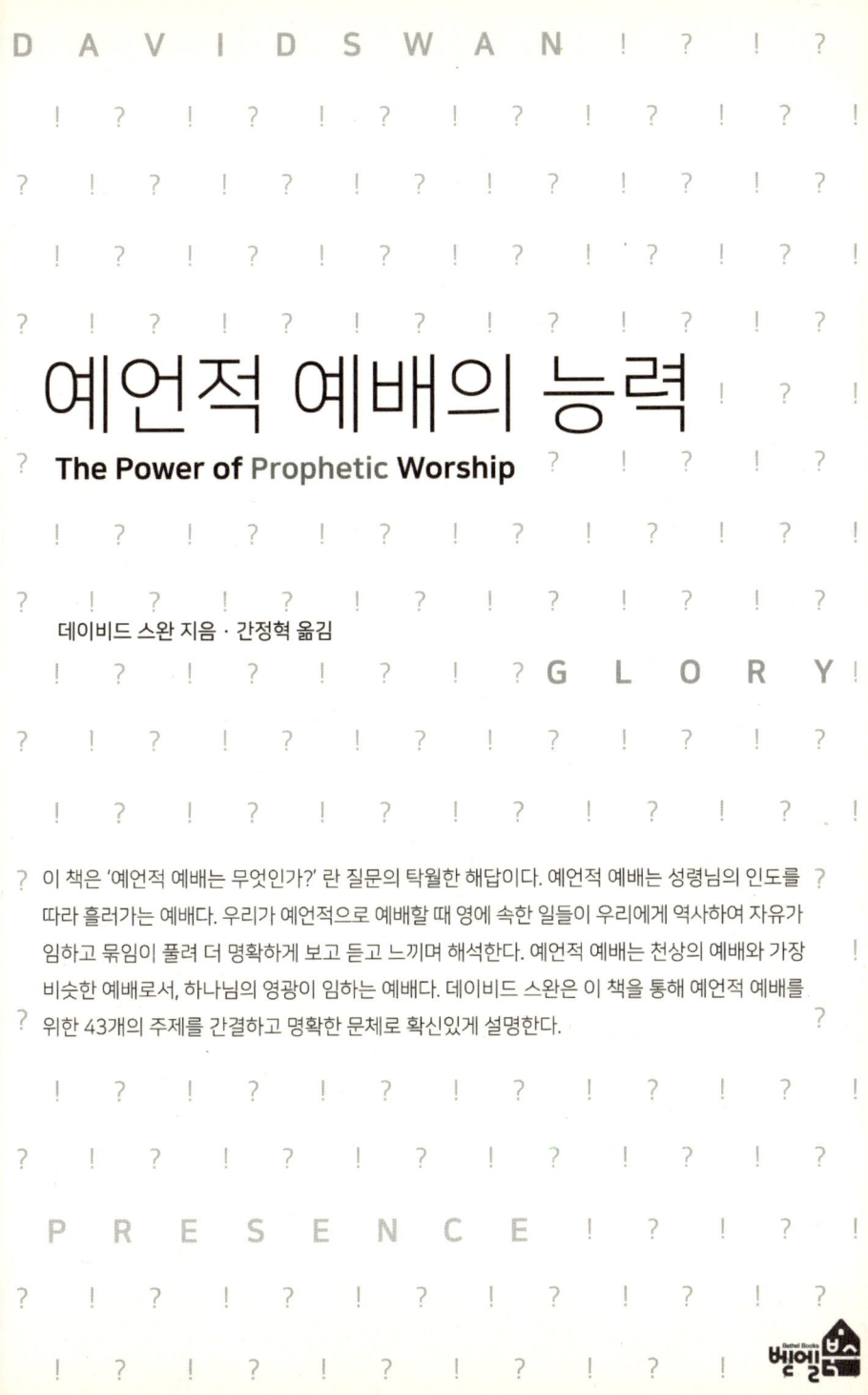

"이 후에 내가 돌아와서 다윗의 무너진 장막을 다시 지으며 또 그 허물어진 것을 다시 지어 일으키리니" (행 15:16)

감사드립니다

삶으로 참된 예배자의 모습과
인격의 모범을 보여 주신
폴과 모나 조니안 목사님 내외,
로제 아베르겔 박사님,
짐과 주디 스티븐스 목사님 내외,
존 에카르트 감독님,
메릴린 빌링 목사님께
감사드립니다.
그리고
사랑하는 아내 아이린과 자녀들에게
특별한 감사를 돌립니다.

FOREWORD 추천사

폴 조니안

폴 조니안은 보스턴에 있는 기독교 교육 예배 센터(CTWC)의 설립자이자 수석 목사다. 폴은 탁월한 부흥사요 기름 부음 받은 바이올리니스트로서 미국을 비롯한 전 세계에서 사역했다.

전능하신 하나님은 이 땅을 향한 목적을 가지고 불꽃같은 눈으로 예정된 목적에 동참할 사람을 찾으십니다. 하나님이 찾으시는 사람은 하나님의 뜻과 때를 분별합니다.

이스라엘의 다윗 왕이 하나님께서 찾으시던 사람 중의 한 명입니다. 다윗 왕 이후 3000년이 지난 지금, 나는 하나님의 눈이 다윗의 마음을 가진 또 한 사람을 말레이시아 쿠알라룸푸르에서 찾으셨다고 믿습니다. 그가 바로 데이비드 스완입니다.

하나님은 지난 시간 동안 나를 전 세계로 보내서서 하나님의 말씀을 전하도록 하셨습니다. 1997년 6월, 나는 데이비드 스완 목사와 함께 사역하면서 하나님께서 예정하신 뜻을 예배를 통해 이 땅에 풀어놓는 것이 얼마나 강력한 것인지 깨달았습니다.

나는 하나님의 은혜로 데이비드 스완 목사에게 다윗적인 예배를 회복할 열쇠가 주어진 것을 믿습니다. 높으신 하나님의 겸손한 예배자를 통해 하나님의 뜻이 이루어질 것입니다.

모나 조니안

모나 조니안은 CTWC와 Kaleo Bible Institute의 공동 설립자이다. 모나는 기름 부음 받은 예배자요 성경 교사, 저술가요 수백 곡의 작곡자이며 기독교 연극 제작자다.

나는 "예언적 예배의 능력"을 읽으면서 또 다른 느낌을 받았습니다. 이 책은 단지 글이 아니라 하나님의 뜻을 전달하는 계시적 가르침이며 이 책의 통찰력은 하나님께서 주신 것입니다.

남편 폴과 저는 데이비드 스완과 5일간 함께 사역하고 말레이시아 공항에서 작별인사를 나누면서 나도 모르게 눈물이 났습니다. 돌아오는 비행기에서 하나님께 왜 만난 지 얼마 되지 않은 사람과 헤어지면서 내가 울었는지 질문했을 때 이렇게 말씀하셨습니다. "너는 단지 한 사람을 만난 것이 아니라 이 땅을 향한 나의 계획을 만났기 때문에 운 것이다."

많은 교회가 하나님에 대한 정보로 가득 차 있지만, 하나님과 개인적인 친밀함을 누리는 영역은 너무나 부족합니다. 데이비드 스완은 이 책을 통해 다윗적인 예배를 회복하도록 도전합니다. 부디 이 책을 급하게 읽지 마십시오. 서두를수록 많은 것을 놓칠 것입니다. 이 책이 당신의 예배를 변화시키도록 허용하십시오.

FOREWORD 추천사

로제 아베르겔

로제 아베르겔 박사는 캘리포니아주 반누이스에 있는 월드 하베스트 처치의 수석 목사다. 로제 아베르겔 박사와 교회는 상처받은 사람들과 잃어버린 영혼들을 예수 그리스도의 능력으로 회복하는데 헌신하고 있다.

현대의 많은 신자가 하나님의 임재를 구하고 있습니다. 역사를 보면, 하나님은 시기마다 사람들에게 하나님의 임재를 찾고 그 안으로 들어가는 방법을 알려 주셨습니다. 우리는 데이비드 스완의 책 "예언적 예배의 능력"을 통해 새로운 예배로 하나님의 임재를 향해 나아가는 축복을 얻었습니다.

사람들은 종종 하나님의 임재를 기술적으로 이해하고 접근하지만, 데이비드 스완 목사는 이 책을 통해 하나님의 임재는 기술이 아니라 친밀함의 문제인 것을 알려줍니다. 진실로 하나님의 임재 안에서 우리의 무거운 짐이 사라지고 멍에가 꺾입니다.

이 책은 하나님의 임재에 들어가는 것과 머무르는 것, 그리고 하나님의 임재 안에서 성숙하는 방법을 실제적으로 가르쳐 줍니다. "예언적 예배의 능력"은 하나님의 영광의 다음 차원을 우리에게 알려줄 것입니다.

짐 & 주디 스티븐스

짐과 주디는 오하이오주 매리언 크리스천 센터에서 25년간 섬겼으며 현재는 전 세계를 순회하며 하나님의 사람들을 일으키는 사역을 하고 있다. 짐과 주디는 하나님의 임재를 사랑하는 진짜 예배자다.

우리는 "예언적 예배의 능력"을 추천합니다. 이 책에는 그리스도의 몸을 세우며, 하나님의 사람들을 "용맹스러운 신부"로 세우기 원하는 데이비드 스완 목사의 열정이 담겨 있습니다. 데이비드 스완은 기록된 말씀을 하나님의 통찰력으로 풀어내는 기름 부음이 있는데, 이 책에 그 기름 부음이 그대로 녹아 있습니다. 당신이 이 책을 읽을 때, 이 책에 녹아 있는 기름 부음 때문에 하나님을 예배하고 싶은 뜨거운 갈망에 사로잡힐 것입니다.

우리가 사역하는 교회에서 이 책을 교재로 사용하고 있습니다. 이 책을 읽은 회중이 어떻게 예배해야 하는지, 하나님의 임재 안에서 무엇을 해야 하는지 깨닫고 실천하면서 우리의 예배는 시간마다 놀라운 하나님의 임재로 충만합니다.

우리는 예배자 데이비드 스완의 책 "예언적 예배의 능력"이 당신과 당신의 교회에 반드시 큰 도움이 될 것이라고 확신한다. 당신이 이 책을 읽을 때, 하나님의 뜻과 목적이 이 세대를 통해 이루어질 것이라는 믿음이 일어날 것이다.

FOREWORD 추천사

존 에카르트

존 에카르트는 시카고 Crusaders Church의 담임목사이자 IMPACT Network의 설립자다. 성도들이 하나님의 진리와 은혜 안에서 성장하도록 돕는 부르심에 헌신하고 있다.

나는 데이비드 스완 목사의 "예언적 예배의 능력"이 이 시대의 교회를 향한 하나님의 중요한 메시지라고 확신하며 강력히 추천합니다. 데이비드 스완 목사는 이 책을 통해 예언적 예배의 능력과 중요성을 효과적으로 잘 전달하고 있으며 이 책에는 신자들이 더 높은 차원의 영광으로 들어가도록 돕는 깨달음으로 가득합니다. 내가 이 책의 내용을 교회에 나누었을 때, 성도들의 믿음과 삶에 큰 도움을 주는 것을 직접 보았기 때문에 모든 목사님과 지도자들이 이 책을 읽어보시기를 권면합니다.

우리는 하나님께서 이 시대에 회복하시는 "다윗적 예배와 찬양"에 동참해야 합니다. 지금은 회복의 때입니다. 하나님의 회복은 우리에게 새로운 깨달음을 주고 개혁을 일으킵니다. 바로 지금이 교회의 예배가 변하는 때입니다. 예언적 예배는 하나님을 기쁘시게 하고 우리의 영혼에 충만한 영적 만족감을 줍니다.

이 책에 담긴 데이비드 스완 목사의 통찰은 단지 지식이 아니라 경험에서 나왔기 때문에 이 책은 데이비드 스완 목사 한 사람의 저작이 아니라 그가 담임하는 교회가 함께 쓴 것이나 마찬가지입니다. 이제 당신이 이 책의 내용을 한장 한장 읽을수록 데이비드 스완 목사가 가진 하나님의 영광을 향한 열정을 느낄 것입니다.

당신이 이 책의 내용을 깊이 묵상하며 받아들인다면 데이비드 스완 목사의 마음을 채운 하나님의 영광을 향한 열정이 당신에게도 부어져서 더 깊은 예배를 향한 거룩한 갈망이 일어날 것입니다.

이 책은 우리를 향한 하나님의 계획과 목적 안에서 예언적 예배가 얼마나 중요한지 알려 줍니다. 예언적 예배는 해도 되고 안 해도 되는 것이 아니라 하나님의 마음에 가까이 가는 방법을 다루는 중요한 문제입니다. 이 책은 마지막 때에 하나님께서 찾으시는 다윗의 세대가 일어나도록 도전합니다. 하나님은 영과 진리로 예배드리는 사람을 찾으십니다. 하나님께서 찾으시는 사람이 당신이길 바랍니다.

지금, 이 책을 통해 하나님의 계획으로 들어갑시다!

DEDICATION TO WARRIOR BRIDE

이 책을 용맹스러운 신부들에게 바칩니다

에베소서에는 교회의 다양한 표현이 나온다. 그중 마지막 두 가지는 신부와 용사다. 성령님은 마지막 때 일어날 큰 영적 전쟁을 위해 주님의 용맹스러운 신부를 준비하시어 강력하게 기름 부으신다. 마지막 때의 성령 충만한 교회들이 모든 원수를 압도하며 당당한 모습으로 나타날 것이다. 마지막 때의 교회는 용맹스러운 신부로서 강건함과 영광의 옷을 입고 넘치는 사랑과 유다의 사자이신 예수님의 능력으로 충만할 것이다.

> 저 소리를 들어 보아라. 산 위에서 웅성거리는 소리다. 저 소리를 들어 보아라. 무리가 떠드는 소리다. 저 소리를 들어 보아라. 나라들이 소리치고 나라들이 모여서 떠드는 소리다. 만군의 주님께서 공격을 앞두고 군대를 검열하실 것이다. (사 13:4)

주님의 강력한 군대인 예배하는 용사 WORSHIP WARRIOR 와 예언적 시편가PSALMIST, 제사장적 중보자PRIESTLY INTERCESSORS, 기름 부음 받은 댄서DANCER들은 곧 성령님의 소집 나팔 소리를 듣게 될 것이다. 하나님의 나팔 소리가 성령님의 부르심이라는 것을 아는 준비된 용사들은 주님을 맞이할 기대감에 기쁨으로 응답하며 하나님의 운행하심을 환영하는 사람들은 성령님의 소집 나팔에 응답하고 마지막 때를 위한 사명으로 일어날 것이다.

대장 되신 주님께서 이 세대에 하나님의 목적을 성취할 강력한 군대를 소집하신다. 주님의 용맹스러운 신부인 예배하는 용사, 예언적 시편가, 제사장적 중보자, 기름 부음 받은 댄서들은 하나님의 강력한 비밀 무기다. 하나님은 이들을 마지막 때의 영적 전투에서 승리하도록 훈련하신다. 모든 신부의 사역이 함께 협력하여 상승효과를 낼 때, 성령님의 기름 부음이 확장되어 더 강력한 능력이 역사한다. 마지막 때 하나님의 목적을 성취하고 영적인 영역을 확장할 중요한 열쇠는 강력한 개인이 아니라 연합된 군대, 강력한 집단적 기름 부음에 있다.

나는 이 책을 주님의 용맹스러운 신부들에게 바친다. 주님 앞에서 찬양하고 예배하며 중보하고 춤추는 모든 사람이 주님의 용맹스러운 신부들이다. 기름 부음 받은 주님의 자녀들의 적극적인 참여와 사역은 하나님의 영광을 우리에게 인도하는 시온의 대로를 예비한다. 마지막 때의 그리스도의 신부는 **깃발을 앞세운 군대처럼 장엄할 것이다.** (아 6:4)

CONTENTS

목차

- 추천사
- 이 책을 용맹스러운 신부들에게 바칩니다
- 서문 : 수많은 원수를 감당할 세대 20
- 도입 : 하나님은 참된 예배자를 찾으신다 22

1장 다윗의 무리 24

2장 왕 같은 제사장 26

3장 거룩한 예배의 용사 30

4장 다윗의 열쇠 32

5장 영광의 안내자 34

6장 영광의 소리 36

7장 골리앗의 음성 40

8장 주님의 음성 43

9장 천국의 장엄한 음성들 47

10장 루-아 : 하나님의 호흡 51

CONTENTS

11장 성령님의 강 53

12장 목소리의 능력 55

13장 새로운 소리, 기름 부은 소리, 영광의 소리 60

14장 조화로움 65

15장 조화로운 소리 68

16장 하나님을 예배하라 71

17장 끝나지 않는 예배 : 영원한 사역 74

18장 예배하는 교회 78

19장 예언적 예배 81

20장 예언적 예배의 영적 역동성 85

CONTENTS

21장 영광스러운 자유 93

22장 기름 부어진 음악 96

23장 마음의 준비 98

24장 영적인 돌파 100

25장 입의 능력 103

26장 영적 전쟁 107

27장 영적 전쟁과 음악 110

28장 예배 회복을 위한 전투 113

29장 춤추는 예배자 115

30장 성령님을 따르는 삶 118

31장 예배의 흐름을 유지하라 120

32장 예배와 중보의 상승효과 122

33장 예언적 예배와 악기 124

34장 하나님을 즐거워 하라 127

35장 예배 환경의 중요성 131

36장 아낌없는 예배 135

37장 예배, 생활방식과 일상의 경험 137

38장 단체적인 기름 부음을 활용하라 139

39장 예배의 분위기를 조성하라 141

40장 선지자와 제사장과 왕 145

CONTENTS

41장 부흥의 단비가 내리는 소리 146

42장 하나님의 놀라운 집 150

43장 부흥의 바람 153

 - 예언적 예배를 경험한 사람들의 간증들 156

3 또 다른 천사가 와서, 금향로를 들고 제단에 섰습니다. 그는 모든 성도의 기도에 향을 더해서 보좌 앞 금제단에 드리려고 많은 향을 받았습니다. 4 그래서 향의 연기가 성도들의 기도와 함께 천사의 손으로부터 하나님 앞으로 올라갔습니다. (계 8:3-4)

| 일러두기 |

1. 이 책에 사용된 성경 본문은 히브리어와 헬라어 원본에 가장 충실한 표준 새번역을 기준으로, 필요에 따라 다양한 역본을 참조했다.

2. 이 책에서 저자가 사용한 예배라는 단어는 한국 교회의 전통적인 주일 오전 예배같은 예식 중심의 예배가 아닌 찬양과 경배를 의미한다.

INTRODUCTION 서문

수많은 원수를 감당할 능력의 세대

이때에 여인들이 춤을 추면서 노래를 불렀다. 사울은 수천 명을 죽이고 다윗은 수만 명을 죽였다. (삼상 18:7)

이스라엘 여인들이 부른 승리의 노래는 예언이었다. 우리는 성경을 통해 이스라엘 여인들이 부른 예언의 노래가 성취된 것을 안다. 그러나 이것은 과거에 끝난 일이 아니다. 수천의 원수를 감당한 사울의 시대가 지나갔고 이제 수만의 원수를 감당할 다윗의 세대^{DAVIDIC GENERATION}가 일어난다. 다윗의 세대는 모든 부분에서 사울의 세대보다 10배 이상을 성취할 것이다.

사무엘하 6:14에는 다윗 왕이 제사장의 옷인 에봇을 입었다고 한다. 다윗은 왕이자 기름 부음 받은 제사장이며 선지자였다. 나는 다윗이 가진 왕권과 영적인 권위가 신약의 열두 사도들의 예표라고 생각한다. 앞으로 일어날 다윗의 세대는 다윗이 여호와 하나님의 이름으로 골리앗을 심판한 것처럼 골리앗으로 예표 되는 악한 세력을 심판하는 거인 사냥꾼$^{GIANT-KILLERS}$이자 큰 용사가 될 것이다.

제사장과 선지자, 왕의 기름 부음의 조화는 다윗 왕에게 놀라운 업적을 남길 수 있는 거룩한 가능성을 열어주었다. 마찬가지로 다윗의 세대가 제사장적 기름 부음과 예언적 기름 부음으로 살아갈 때, 복합적인 기름 부음을 통해 더 많은 것을 성취할 것이다.

마지막 때 강력한 성령님의 부으심으로 많은 교회가 이전에 경험하지 못한 새로운 기름 부음을 받아들일 뿐만 아니라 글로벌 통신, 첨단 대중매체, **빠른** 운송수단 같은 최첨단 기술들이 함께 발전해서 마지막 세대가 더욱더 많은 것을 성취하도록 도울 것이다.

> "이 후에 내가 돌아와서 다윗의 무너진 장막을 다시 지으며
> 또 그 허물어진 것을 다시 지어 일으키리니" (행 15:16)

ACKNOWLEDGMENTS 도입

하나님은 참된 예배자를 찾으신다

하나님께서 왕 같은 제사장의 권위와 강력한 힘, 부와 명예와 갑절의 기름 부음과 천상의 계시를 맡기려고 찾으시는 사람은 어떤 사람일까? **하나님은 참된 예배자를 찾으신다.** 하나님께서 천국의 권위를 주시려고 참된 예배자를 선택하신 이유는 예배자만이 하나님께서 신뢰하고 맡길만하기 때문이다.

> 나는 나를 사랑하는 사람을 사랑하며 나를 간절히 찾는 사람을 만나 준다. (잠 8:17)

> 그러나 하나님의 기초는 이미 튼튼히 서 있고 거기에는 주님께서는 자기에게 속한 사람을 아신다는 말씀과 주님의 이름을 부르는 사람은 다 불의에서 떠나라는 말씀이 새겨져 있습니다. (딤후 2:19)

참된 예배자는 하나님만 최우선으로 생각하며 진심으로, 영원토록, 간절히 하나님을 사랑한다. 진심으로 하나님을 사랑하는 예배자는 하나님과 더 가까워져서 하나님의 음성을 듣고 하나님을 기쁨으로 섬기기 원한다. 하나님은 간절한 예배자의 마음을 아신다. 마치 사랑하는 연인이 서로에게 반응하는 것처럼 참된 예배자는 하나님의 뜻을 행하며 하나님을 위한 삶을 산다.

> 예수께서 그들에게 말씀하셨다. 나의 양식은 나를 보내신 분의 뜻을 행하고 그분의 일을 이루는 것이다. (요 4:34)

다윗은 하나님의 마음을 추구하며 따라가는 참된 예배자이면서 하나님과의 친밀한 관계를 소중히 여기는 하나님의 참된 연인이었기 때문에 하나님은 다윗을 왕으로 선택하셨다! 하나님은 다윗이 마음을 다하여 하나님을 사랑하는 만큼 하나님의 뜻을 잘 실천할 것과 하나님의 거룩한 계획과 목적이 다윗을 통해 신실하고 온전하게 성취될 것을 아셨기 때문에 다윗을 양치기 소년에서 이스라엘 온 나라를 다스리는 왕으로 세우셨다.

> 그다음에 하나님께서는 사울을 물리치시고서 다윗을 그들의 왕으로 세우시고 증언하여 말씀하시기를 내가 이새의 아들 다윗을 찾아냈으니 그는 내 마음에 드는 사람이다. 그가 내 뜻을 다 행할 것이다 하셨습니다. (행 13:22)

14 (하나님께서 말씀하신다.) 그가 나를 간절히 사랑하니 내가 그를 건져 주겠다. 그가 나의 이름을 알고 있으니 내가 그를 높여 주겠다. 15 그가 나를 부를 때에 내가 응답하고 그가 고난을 받을 때에 내가 그와 함께 있겠다. 내가 그를 건져 주고 그를 영화롭게 하겠다. 16 내가 그를 만족할 만큼 오래 살도록 하고 내 구원을 그에게 보여 주겠다. (시 91:14-16)

하나님은 진정한 예배자를 사랑하시고 찾으신다. 하나님이 찾으시는 참된 예배자의 좋은 예는 아브라함이다. 아브라함이 귀한 독자 이삭을 하나님께 드린 것은 모든 것 위에 하나님이 최우선임을 나타내는 순종의 행위였다. 아브라함의 순종이야말로 희생적인 사랑이며 진정한 예배다. 욥은 하나님께서 친히 인정하신 또 다른 예배자다. 재산과 사랑하는 가족과 건강까지 모두 잃는, 사람이 감당하기 어려운 고통 속에서도 하나님을 향해 욥이 가진 예배자의 마음은 약해지지 않았다.

아브라함과 욥을 통해 우리는 예배자가 단순히 음악가가 아님을 알 수 있다. 단지 노래를 잘 부르고 악기를 잘 다룬다고 참된 예배자가 되는 것이 아니다. 참된 예배는 하나님과 친밀한 관계 안에서 하나님이 어떤 분이신지 아는 것에서 시작한다. 그러므로 참된 예배자는 자신의 모든 것을 다해 하나님을 사랑하는 연인이 되어야 한다. 성경에는 다윗과 아브라함과 욥처럼 하나님이 사랑하시는 참된 예배자를 위한 약속이 기록되어 있다.

성경에서 레위기, 시편, 아가서, 계시록은 예배의 열쇠가 되는 중요한 책이다. 특히 계시록은 천국에 있는 하나님의 보좌 주위에서 드려지는 차원 높은 예배의 모습과 규모를 보여준다. 이제 우리가 앞으로 볼 예언적인 예배의 많은 부분이 천국의 예배를 기초로 한다. 이제 하나님을 향한 뜨겁고 순수한 사랑의 마음을 품고 더 깊고, 더 높은 예배로 나아가자.

> **참된 예배는 하나님과 친밀한 관계 안에서 하나님이 어떤 분이신지 아는 것에서 시작한다. 그러므로 참된 예배자는 자신의 모든 것을 다해 하나님을 사랑하는 연인이 되어야 한다.**

다윗의 무리
THE DAVIDS OF GOD

그 날에 나 주가 예루살렘에 사는 주민을 보호할 것이니 그들 가운데 가장 연약한 사람도 그 날에는 다윗처럼 강하게 될 것이다. 다윗 집안은 하나님처럼 곧 백성을 인도하는 주의 천사처럼 그렇게 백성을 인도할 것이다. (슥 12:8)

하나님은 다윗에게 어려운 상황을 극복하며 압제자들에게 고통받는 약한 사람들을 구출하는 능력을 주셨다. 다윗은 사자에게 잡혀간 어린양을 구하려고 쫓아가 사자를 죽이고 어린양을 구출했으며, 이스라엘을 위협하는 거인 골리앗과의 싸움도 이겼고 블레셋과 주변의 연합군이 쳐들어왔을 때도 따르는 무리와 함께 적군을 격파하고 진압했다. 아들 압살롬이 반란을 일으켰을 때도 결국 다윗이 이겼다. 다윗 왕에게 임했던 극복과 구출의 강력한 기름 부음이 오늘날 하나님께서 일으키시는 "다윗의 무리"에게 임한다. 다윗의 기름 부음은 영적 전쟁에서 흑암의 권세를 파하고 승리를 주며 하나님 나라를 확장시킨다.

하나님께서 마지막 때 일으키시는 "다윗의 무리"는 어떤 사람들인가? 첫째, 참된 예배자들이다. 하나님을 예배하는 사람들에게 하나님께서 직접 기름 부으시고 세우신다. 둘째, 마지막 때 영적인 골리앗을 죽이는 강력한 거인 사냥꾼, 하나님의 용사들이다. 이들은 마지막 때를 위해 은혜 안에 숨겨져 있다 가장 중요한 순간에 나타나 하나님 나라의 돌파와 승리에 큰 도움을 줄 것이다. 셋째, 하나님의 얼굴을 구하며 임재 안에 머무는 사람들이다. 다윗의 무리는 하나님의 임재 안에 머무는 생활방식으로 말미암아 더욱 번성하고 크게 성취하는 사람들이 될 것이다.

마지막으로, 하나님께서 마지막 때에 일으키시는 "다윗의 무리"는 유다의 사자 되신 예수님의 강력한 기름 부음을 받은 사람들이다. 기름 부음은 하나님 안에서 부르심의 확신과 담대한 마음을 준다. 목자 다윗이 사자를 쫓아간 것은 인간적인 분노 때문이 아니었다. "다윗의 무리"는 믿음의 사람들의 좋은 예다.

> 나에게 능력을 주시는 분 안에서 나는 모든 것을 할 수 있습니다. (빌 4:13)

02

왕 같은 제사장
KINGLY PRIESTS

5 또 신실한 증인이시요 죽은 사람들의 첫 열매이시요 땅 위의 왕들의 지배자이신 예수 그리스도께서 내려 주시는 은혜와 평화가 여러분에게 있기를 빕니다. 예수 그리스도께서는 우리를 사랑하시며 자기의 피로 우리의 죄에서 우리를 해방하여 주셨고 6 우리로 하여금 나라가 되게 하시어 자기 아버지 하나님을 섬기는 제사장으로 삼아 주셨습니다. 그에게 영광과 권세가 영원무궁하도록 있기를 빕니다. 아멘. (계 1:5-6)

구약 시대에는 오직 레위인만 제사장과 대제사장이 될 수 있었다. 하지만 오늘날에는 모든 성도가 사역의 기름 부음을 통해 레위인과 제사장과 왕 같은 제사장으로 살아간다. 특별히 왕 같은 제사장이란 하나님과 사람들을 성실함으로 섬기는 더 성숙한 제사장들을 말한다. 제사장들이 영적으로 더욱 성장하고 그 기름 부음이 증가할 때 평범한 제사장에서 더 책임감 있는 왕 같은 제사장의 자리로 올라간다. 높은 수준의 하나님의 다루심을 통과하면서 직분이 올라가면 기름 부음, 계시, 영적인 권세와 능력도 함께 증가한다. 분명한 것은 왕 같은 제사장의 사역과 기름 부음이 평범한 제사장의 사역과 기름 부음을 넘어선다는 것이다.

성막의 세 번째 영역인 주님의 보좌가 있는 지성소에서 주님을 섬기며 많은 시간을 보내는 사람들에게는 더 큰 기도와 중보의 능력, 축복을 선포하고 기름 붓는 제사장의 권세뿐만 아니라 하나님의 말씀을 집행하고 선포하는 왕의 권세가 있다. 왕 같은 제사장들은 예언적인 권능으로 능력 있고, 살아 있는 말씀을 선포한다. 하나님께서 아담을 통치하고 다스리도록 창조하셨던 것처럼 마지막 때에 하나님 나라에서 함께 통치하고 다스릴 사람들을 찾으신다.

> 5 이제 너희가 정말로 나의 말을 듣고 내가 세워 준 언약을 지키면 너희는 모든 민족 가운데서 나의 보물이 될 것이다. 온 세상이 다 나의 것이다. 그러므로 너희는 내가 선택한 백성이 되고 6 너희의 나라는 나를 섬기는 제사장 나라가 되고 너희는 거룩한 민족이 될 것이다. 너는 이 말을 이스라엘 자손에게 일러주어라. (출 19:5-6)

이스라엘은 열방에서 하나님을 섬기는 제사장 나라로 특별히 선택받았으며, 이스라엘 12지파 중에 레위 지파가 제사장 직분을 감당하도록 선택받았다. 아론은 레위 지파의 서열을 따라 제사장이 되었다. 레위 지파는 선택된 중에서 선택되었다. 그런데 히브리서는 예수 그리스도께서 레위지파의 서열이 아닌 멜기세덱의 계통을 따라 더 높고 새로운 제사장이 되셨다고 기록한다.

> 5 이와 같이 그리스도께서도 자기 자신을 스스로 높여서 대제사장이 되는 영광을 차지하신 것이 아니라 그에게 너는 내 아들이다. 오늘 내가 너를 낳았다 하고 말씀하신 분이 그렇게 하신 것입니다. 6 또 다른 곳에서 너는 멜기세덱의 계통을 따라 임명받은 영원한 제사장이다 하고 말씀하셨습니다.
> (히 5:5-6)

그리스도 예수께서 자신의 완전한 희생과 영원한 생명의 능력으로 교회에 더 좋고 뛰어난 제사장직을 만드셨다.

> 아므람의 아들은 아론과 모세이다. 아론을 성별했는데 그와 그의 아들들은 가장 거룩한 물건들을 영원히 거룩하게 맡아서 주님 앞에서 분향하여 섬기며 영원히 주님의 이름으로 복을 빌게 하려고 성별했다. (대상 23:13)

아론은 제사장의 직분만 감당했지만 멜기세덱은 왕이요 제사장이었다. 예수 그리스도 또한 멜기세덱처럼 왕 중의 왕이신 최고의 대제사장이시다. 교회는 예수 그리스도를 통하여 제사장 직분보다 더 높고 뛰어난 왕 같은 제사장으로 부름 받았으며 큰 특권과 능력을 받았다. 예수 그리스도께서 "자기 아버지 하나님을 섬기는 제사장으로 삼으신"(계 1:5,6) 하나님은 "우리를 그분과 함께 살리시고, 하늘에 함께 앉게 하셨다." (엡 2:6)

멜기세덱의 제사장직이 더 좋은 언약, 더 좋은 약속을 기반으로 삼았기 때문에(히 8:6, 9:23) 멜기세덱의 서열 곧 그리스도 예수의 서열을 따르는 제사장직은 여러 면에서 아론의 제사장직보다 뛰어나다. 아론은 속죄일에만 하나님의 임재가 있는 지성소에 들어갔지만 멜기세덱의 서열을 따르는 왕 같은 제사장들은 이제 날마다 지성소로 들어가 더 큰 하나님의 임재를 누릴 수 있게 되었다. 언제든지 하나님의 지성소로 들어가는 길이 열렸다.

> 그러나 여러분은 택하심을 받은 족속이요 왕과 같은 제사장들이요 거룩한 민족이요 하나님의 소유가 된 백성입니다. 그래서 여러분을 어둠에서 불러내어 자기의 놀라운 빛 가운데로 인도하신 분의 업적을 여러분이 선포하는 것입니다. (벧전 2:9)

2장 왕같은 제사장

03

거룩한 예배의 용사
HOLY WORSHIPING WARRIOR

형제자매 여러분 그러므로 나는 하나님의 자비하심을 힘입어 여러분에게 권합니다. 여러분의 몸을 하나님께서 기뻐하실 거룩한 산 제물로 드리십시오. 이것이 여러분이 드릴 합당한 예배입니다. (롬 12:1)

하나님께서 마지막 때 일으키시는 "다윗의 무리"는 하나님을 예배하는 진정한 "예배의 용사들"이다. 예배 용사들의 가장 큰 기쁨과 만족은 하나님을 예배하며 하나님의 임재 안에 사는 것이다. 예배의 용사들은 성령님을 향한 강력한 갈망으로 계속해서 기도하고 찬양하며 영적인 끈기와 체력을 단련하고, 더 많은 영적 전쟁 속에서 성령의 검, 하나님의 말씀을 능숙하게 사용하는 법을 배운다.

6 성도들의 입에는 하나님께 드릴 찬양이 가득하고 그 손에는 두 날을 가진 칼이 들려 있어 7 뭇 나라에게 복수하고 뭇 민족을 철저히 심판한다. 8 그들의 왕들을 족쇄로 채우고 고관들을 쇠사슬로 묶어서 9 기록된 판결문대로 처형할 것이니 이 영광은 모든 성도들의 것이다. 할렐루야. (시 149:6-9)

예배의 용사들이 영적 전쟁에 참여하려면 반드시 거룩과 진리, 의로움과 기름 부음, 하나님의 임재와 영광의 갑옷을 입어야 한다. 예배의 용사들이 얼마나 순결하고 기름 부음 있으며 영적으로 강건한가에 따라 그들이 드리는 예배의 능력이 달라진다.

예배 용사들은 중보 기도를 통해 하나님의 영광과 임재를 집회로 모셔오는 **영적인 안내자**USHER들이다. 예배의 용사들이 집회에 하나님의 임재와 영광을 모셔올 수 있는 이유는 이미 삶에서 하나님의 임재와 영광을 품고 살기 때문이다. 예배의 용사들이 삶에 하나님의 임재와 영광을 계속해서 유지할 때 하나님의 임재와 영광을 운반하는 **영광의 운반자**CARRIERS가 된다. 영광의 운반자가 된 예배의 용사들은 성령님의 권능의 통로가 되어 **영적인 해방자**RELEASERS가 된다. 예배의 용사들을 통해 하나님의 임재와 기름 부음과 영광이 역사한다. 회중 한 사람 한 사람이 예배의 용사가 되어 자기 안에 가득한 예배의 영과 기름 부음을 풀어놓을 때, 하나님의 임재와 영광이 충만하게 임한다.

3장 거룩한 예배의 용사

다윗의 열쇠

THE KEY OF DAVID

내가 또 다윗 집의 열쇠를 그의 어깨에 둘 것이니 그가 열면 닫을 자가 없고 그가 닫으면 열 자가 없을 것이다. (사 22:22)

성경에서 열쇠는 소유권과 통로, 권세와 능력을 상징한다. (마 16:19) 다윗의 열쇠는 영적인 영역을 열고 어둠의 세력을 결박하는 기름 부음, 즉 권세와 능력을 의미한다. 하나님은 강력한 다윗의 열쇠를 "다윗의 세대 DAVIDIC GENERATION"에게 맡기셨다. 다윗의 열쇠를 사용하는 것은 우리의 결정에 달려있다. 예언적 찬양과 예배로 다윗의 열쇠를 사용하면 성령님의 기름 부음이 풀어져서 악한 영들이 쫓겨나고 견고한 진이 파괴되며 하늘 문이 열릴 것이다.

하나님은 마지막 때를 향한 거룩한 뜻을 성취하도록 예배의 용사 세대^{GENERATION OF WORSHIPING WARRIORS}에게 갑절의 기름 부음을 부어 무장하신다. 집단적인 중보 기도와 격렬한 예배를 통해 새로운 기름 부음이 풀어질 때, 하늘 문을 여시는 성령님의 능력이 터져 나와 원수들의 공격이 봉쇄되고 견고한 진과 영적인 저항이 파쇄된다.

하늘 문이 열리면 회중이 더 쉽게 하나님의 임재로 들어가서 임재와 기름 부음을 더 민감하게 느끼고 영적인 자유를 만끽하며 많은 환상과 계시가 임한다. 하늘 문이 열린 곳은 영적인 방해가 적기 때문에 천사들의 사역도 증가한다.

내가 섬기는 교회에서 기름 부음 받은 사역자들을 초청하여 깊은 예언적 예배를 드리자 강력한 하나님의 영광과 기름 부음을 체험했다는 많은 참석자의 간증이 있었다. 집단적인 예언적 예배를 통해 마치 작은 시냇물이 모여 큰 강을 이루는 것처럼 서로 다른 기름 부음의 상승효과로 강력한 능력이 풀어진다.

나는 세계를 다니며 집회를 인도하면서 회중이 복음을 듣고 회심하며 하나님의 임재와 뜨거운 성령의 불을 경험하고 열린 환상과 거룩한 체험을 누렸다는 간증을 많이 들었다. 종종 이런 거룩한 나타남과 신적 체험은 열린 하늘 문의 결과이기도 하다. 나는 이런 실제적인 성령님의 역사가 나타난 주된 원인이 예언적 예배를 통해 다윗의 열쇠가 적용되었기 때문이라고 생각한다.

05

영광의 안내자

USHERING IN THE GLORY

13 나팔 부는 사람들과 노래하는 사람들이 일제히 한 목소리로 주님께 찬양과 감사를 드렸다. 나팔과 심벌즈와 그 밖의 악기가 한데 어우러지고 주님은 선하시다. 그 인자하심이 영원하다 하고 소리를 높여 주님을 찬양할 때에 그 집, 곧 주님의 성전에는 구름이 가득 찼다. 14 주님의 영광이 하나님의 성전을 가득 채워서 구름이 자욱했으므로 제사장들은 서서 일을 볼 수가 없었다. (역대하 5:13-14)

예배는 하나님의 영광을 환영하는 것이다. 우리가 하나님을 예배할 때 깊은 하나님의 임재로 들어갈 뿐만 아니라 우리의 모임에 영광의 왕이신 하나님을 초청하는 것이다. 교회가 하나님을 예배하면서 주님의 임재를 환영한다면 모든 예배가 지금과 현저하게 달라지고 이전보다 풍성한 축복이 임할 것이다. 하나님의 영광이 나타나면 사역자들이 기적과 치유를 위해 안수할 필요 없이 하나님께서 직접 우리 삶의 수천 가지 문제를 해결하시고 치유하신다. 하나님은 우리가 몇 달 혹은 몇 년이 걸려야 해결할 일도 한순간에 해결하시는 전능하신 분이시다.

예배자의 세대GENERATION OF WORSHIPPERS는 교회에 더 큰 차원의 하나님의 영광을 안내하도록 준비된 세대다. 성도SAINTS들이 예배를 더 순전하고 오래 지속할수록 하나님의 영광과 능력을 경험하는 깊이와 강도 역시 더 증가할 것이다. 예배가 없는 곳에는 하나님 영광의 나타남MANIFESTATION도 없다. 예배가 없으면 초자연적인 나타남도 없으며 집단적인 기름 부음CORPORATE ANOINTING의 풀어짐도 없다. 예배가 없는 곳에는 성령님의 강이 자유롭게 흐를 수 없으므로 결국, 예배가 없는 곳은 영적인 가뭄으로 말미암아 영적 불모지가 된다.

주일 아침에 교회 정문에서 미소 짓는 안내원들의 환영 인사를 받아 보았을 것이다. 진정한 의미에서 우리는 모두 영적인 안내자USHER다. 우리가 기도하고 중보하며, 찬양하고 예배하는 것은 하나님의 기름 부음과 임재와 영광을 우리가 있는 곳에 안내하고 초청하며 기쁘게 받아들이는 표현이다. 교회의 모든 구성원이 하나님의 임재와 영광과 기름 부음을 모시는 좋은 안내자가 될 때 모든 예배에 풍성한 축복이 임할 것이다.

06

영광의 소리
GLORY SOUNDS

> 그런데 놀랍게도 이스라엘 하나님의 영광이 동쪽에서부터 오는데 그의 음성은 많은 물이 흐르는 소리와도 같고 땅은 그의 영광의 광채로 환해졌다. (겔 43:2)

이 땅이 주님의 영광으로 가득 차는 여러 방법 중의 하나는 "영광의 소리"가 온 땅을 덮는 것이다. 어떤 이들은 영광의 소리를 영원의 소리^{SOUND OF ETERNITY}라고 부르기도 한다. 우리는 영광의 소리를 합심 기도^{CORPORATE PRAYER}나 깊은 예배 속에서 듣는다. 영광의 소리는 순수하고 기름 부음 넘치는 천상의 소리이자 성령님의 소리다. 영광의 소리는 바로 우리 주님의 소리다!

> 그 남자와 그 아내는 날이 저물고 바람이 서늘할 때에 주 하나님이 동산을 거니시는 소리를 들었다. 남자와 그 아내는 주 하나님의 낯을 피하여서 동산 나무 사이에 숨었다. (창 3:8)

지금 이 땅 위에 새로운 차원의 예배를 위한 기름 부음이 임한다. 이 기름 부음으로 우리의 예배는 더 강렬하고 자유로워진다. 계시록에 기록된 예배처럼 예배의 강도는 점점 더 강렬해지고, 예배의 소리는 더욱 커질 것이다. 계시록은 예배의 소리가 거대한 폭포 소리와 강력한 우렛소리 같다고 기록한다. 이제 이 땅의 교회에 많은 물소리 같은 영광의 소리가 울려 퍼질 때가 되었다. 성령님의 새로운 흐름을 따라가는 교회들은 성령님 안에서 예배하는 시간을 점점 더 늘려갈 것이다.

전 세계에서 새로운 소리가 울려 퍼진다. 이 새롭고 영광스러운 소리는 성령님의 새로운 역사 하심을 예고한다. 영광스럽고 예언적인 예배를 통해 예배의 소리가 날마다 더 강렬하고 커지며 곡조는 더 아름다워질 것이다. 지금 성령님은 새로운 소리, 새로운 음악, 새로운 리듬, 새로운 노래, 새로운 내적인 음성으로 말씀하신다. 이 새로운 소리는 잠들어 있는 성도들을 깨우고, 예배자의 마음을 움직이며 신자[BELIEVER]의 영혼에 마지막 날이 가까웠음을 강하게 일깨운다. 새로운 소리는 우리 영혼에 믿음과 용기를 일으키며 하나님의 경이로움을 체험하는 감각을 깨운다.

예배에 깊이 들어갈 때 우리가 깨닫는 것은, 사실 주님을 향한 우리의 마음속 깊은 고백을 이 땅의 언어로 표현하기 어렵다는 것이다. 그래서 우리는 마음속 깊은 곳에서 일어나는 영혼의 감정을 음악이라는 틀에 담아 소리로 표현한다.

좋은 음악을 적절하게 사용하면 사람의 내면에 쌓여 얽힌 감정을 풀어 영혼의 풍요함을 더하므로, 음악은 사람에게 강력한 영향을 끼친다. 또 예배 시간에 어떠한 악기를 사용하는가에 따라 전혀 다른 결과가 나타난다. 왜냐하면, 각각의 악기는 독특한 음악적 특성과 장점이 있기 때문이다.

나는 회중을 향해 어렵고 화려한 단어가 아니어도 괜찮으니 주님을 향한 예배의 마음을 단순한 선율로 만들어 고백하라고 격려한다. 회중이 각각 다른 음높이로 "아"나 "우"를 사용해서 단순하고 새로운 음률로 주님을 위한 새 노래를 만들 수 있다.

> 시와 찬미와 신령한 노래로 서로 화답하며 여러분의 가슴으로 주님께 노래하며 찬송하십시오. (엡 5:19)

새 노래는 표현의 자유를 주기 때문에 남녀노소를 막론하고 모든 사람이 좋아한다. 회중은 새 노래를 통해 단순한 노래에 담긴 조화로운 소리가 들려주는 전율을 만끽하면서 창의적으로 화음 만드는 법을 배운다. 새 노래는 음악적인 재능이 부족해도 자발성과 적극성만 있다면 누구나 참여할 수 있는 좋은 예배의 표현이다.

화려하고 멋진 가사 없이 단순한 선율로 쉽고 즐겁게 노래하는 것은 예배를 즐겁게 만들고 하나님께 더욱 집중하게 한다. 그래서 나는 회중이 성경에 나오는 "할렐루야", "거룩", "영광" 같은 짧은 단어로 선율을 만들어 쉬운 코드 진행으로 예배하도록 격려한다. 이런 예배는 아주 아름답고 황홀한 임재로 우리를 이끈다.

> "
> **새로운 소리는 우리 영혼에 믿음과 용기를 일으키며 하나님의 경이로움과 경외함을 체험하는 감각을 일깨운다.**
> "

07

골리앗의 음성
THE VOICE OF GOLIATH

> 사울과 온 이스라엘은 그 블레셋 사람이 하는 말을 듣고 몹시 놀라서 떨기만 했다. (삼상 17:11)

이스라엘 군대가 엘라 골짜기에서 블레셋 군대를 대항해 집결했을 때, 블레셋이 자랑스러워하는 골리앗이 거만한 태도로 이스라엘의 하나님을 모독하며 싸움을 걸어왔다. 골리앗은 40일 동안 하루도 쉬지 않고 모든 이스라엘 사람이 보고 듣도록 거만하게 엘라 골짜기를 누비고 다니면서 쉬지 않고 빈정대며 이스라엘을 위협하고 저주했다.

이스라엘과 블레셋이 대치한 40일간, 엘라 골짜기에는 오직 골리앗의 목소리만 울려 퍼졌으며 이스라엘 사람들에게 큰 두려움을 주었고, 골리앗은 자기 목소리가 사울 왕과 이스라엘의 군사들에게 압박을 준다는 사실을 알고 더욱 의도적으로 이스라엘을 조롱하고, 위협하고, 저주하고, 괴롭혔다.

40일간 매일 아침저녁으로 이스라엘 사람들이 골리앗의 목소리를 듣고, 그 내용에 집중할수록 더 큰 두려움이 마음 깊이 스며들었다. 골리앗의 목소리를 들으면 들을수록 온몸이 마비되는 것 같은 두려움이 이스라엘을 강한 사슬처럼 조였기 때문에 이스라엘은 마음 편히 쉬지 못하고 식욕과 의욕이 떨어졌으며 결국 남아있던 힘과 용기마저 빼앗겨 깊은 우울증과 좌절감에 빠졌다. 사단의 상징인 골리앗이 악한 목소리로 이스라엘을 참소함으로써 이스라엘이 싸워보지도 않고 패배하게 만든 것이다.

그때, 이스라엘에는 기름 부음 받은 청년 다윗이 있었다. 다윗은 빈 들에서 세미한 하나님의 음성을 듣는 데 익숙했고 영혼에는 하나님께 드릴 감미로운 노래가 가득했다. 다윗은 다른 이스라엘 사람처럼 골리앗의 목소리를 듣고 잠잠하지 않고 오히려 하나님을 모독하는 골리앗을 잠잠하게 해야겠다는 마음으로 가득했다.

다윗은 골리앗의 무례한 목소리가 이스라엘 사람들에게 짜증과 초조함과 두려움을 일으킨다는 것을 알았기 때문에 다른 이스라엘 사람들처럼 골리앗의 위협적인 목소리에 주의를 기울이는 대신 오히려 골리앗이 다윗의 목소리를 듣도록 블레셋의 심판과 하나님의 승리를 선포하고 예언했다. 다윗과 골리앗의 전투를 목격한 모든 군사가 매우 놀랐다. 결국, 다윗은 하나님을 모독하는 골리앗을 죽였고 골리앗을 죽인 다윗의 업적은 오늘날 우리에게 큰 도전을 준다.

우리의 원수 사단은 골리앗의 모습으로만 나타나는 것이 아니라 현대의 다양한 모습으로 악한 일을 계속하고 있다. 사단은 특히 마지막 때에 방송과 미디어를 통해 더러움과 신성모독, 비난과 비판, 반항의 소리를 쏟아놓으려고 안간힘을 쓴다.

> 5 그 짐승은 큰소리를 치며 하나님을 모독하는 말을 하는 입을 받고 마흔두 달 동안 활동할 권세를 받았습니다. 6 그 짐승은 입을 열어서 하나님을 모독했으니 하나님의 이름과 거처와 하늘에 사는 이들을 모독했습니다. (계 13:5-6)

그러나 골리앗과 사단의 음성을 잠잠하게 하는 강력한 목소리가 있다. 바로 우리 **주님의 음성**이다!

주님의 음성
THE VOICE OF THE LORD

너희 왕들아 들어라. 너희 통치자들아 귀를 기울여라. 나 곧 내
가 주님을 노래하련다. 주 이스라엘의 하나님을 찬양하련다.
(삿 5:3)

지금은 우리를 공격하는 원수들에게 복수할 때이며, 영적인 원수 '골리앗'이 우렛소리 같은 영광스러운 주님의 음성을 들어야 할 때다. 이제 하나님의 사람들이 이 시대의 사악한 '골리앗'이 주는 두려움을 극복할 때가 되었다. 지금 유다의 사자 되신 주님의 외침이 우리를 위해 풀어진다. "주께서 사자처럼 부르짖으신다…"(호 11:10 새번역) "사자가 으르렁거리는데 누가 겁내지 않겠느냐? 주 하나님이 말씀하시는데 누가 예언하지 않을 수 있겠느냐?"

(암 3:8 새번역) 우리의 입에서 기도와 찬양과 예언적 예배의 강이 강렬하게 흘러갈 때, 원수는 잠잠해질 것이다!

> 주의 원수들로 인하여 아기들과 젖먹이들의 입에 힘을 두심은 원수와 복수자를 잠잠케 하려 하심이니이다. (시 8:2, 한글킹)

> 주님께서 맹렬한 진노와 태워 버리는 불과 폭풍과 폭우와 돌덩이 같은 우박을 내리셔서 주님의 장엄한 음성을 듣게 하시며 내리치시는 팔을 보게 하실 것이다. (사 30:30)

마지막 때가 될수록 성도들이 연합하여 열정적으로 중보하고 예배할 때 이 땅에 주님의 음성이 점점 더 크게 울려 퍼지고, 연합의 능력은 거대한 폭포처럼 강해질 것이다. 주님의 영광스러운 음성과 유다의 사자의 강력한 외침이 그리스도의 몸을 통해 풀어질 때, 사단의 군대와 악한 영들이 도망친다. 진실로 주님의 음성은 원수를 산산이 부숴 버리는 거룩한 권능이 있다. 주님의 음성은 원수를 태워버리는 강력하고 거룩한 불을 풀어놓는다.

> 주님께서 몽둥이로 치실 것이니, 앗시리아는 주님의 목소리에 넋을 잃을 것이다. (사 30:31)

> 그의 코에서 연기가 솟아오르고, 그의 입에서 모든 것을 삼

기는 불을 뿜어 내시니, 그에게서 숯덩이들이 불꽃을 튕기면서 달아올랐다. (시 18:8)

불길이 강물처럼 그에게서 흘러나왔다. 수종 드는 사람이 수천이요 모시고 서 있는 사람이 수만이었다. 심판이 시작되는데 책들이 펴져 있었다. (단 7:10)

14 주님께서 하늘로부터 천둥소리를 내시며, 가장 높으신 분께서 그 목소리를 높이셨다. 15 주님께서 화살을 쏘아서 원수들을 흩으시고, 번개를 번쩍이셔서 그들을 혼란에 빠뜨리셨다. (삼하 22:14-15)

2 네 분은 모두 하나님의 음성을 들으십시오. 그분의 입에서 나오는 천둥과 같은 소리를 들으십시오. 3 하나님이 하늘을 가로지르시면서, 번개를 땅 이 끝에서 저 끝으로 가로지르게 하십니다. 4 천둥과 같은 하나님의 음성이 들립니다. 번갯불이 번쩍이고 나면, 그 위엄찬 천둥소리가 울립니다. 5 하나님이 명하시면, 놀라운 일들이 벌어집니다. 도저히 이해할 수 없는 신기한 일들이 일어납니다. (욥 37:2-5)

하늘, 태고의 하늘을 병거 타고 다니시는 분을 찬송하여라. 그가 소리를 지르시니 힘찬 소리다. (시 68:33)

히브리서 1:1절과 2절에 선지자들을 통해 여러 번 다양한 방법으로 말씀하셨던 하나님께서 마지막 날에는 그의 아들 예수 그리스도를 통해 말씀하신다고 기록한다. 하나님은 사람들을 사용하셔서 창조적이고 능력 있는 주님의 음성을 풀어놓으신다. 이제 하나님의 자녀인 우리를 통해 주님의 강력한 음성이 풀어질 것이다. 당신의 입으로 주님의 강력한 음성을 풀어 놓으라!

> **진실로 주님의 음성은 원수를 흩어버리고 산산이 부숴 버리는 거룩한 권능이 있다.**

09

천국의 장엄한 음성들
THE VOICE IN HEAVEN

또 나는 큰 무리의 음성과 같기도 하고 큰 물소리와 같기도 하고 우렁찬 천둥소리와 같기도 한 소리를 들었습니다. 할렐루야 주 우리 하나님 전능하신 분께서 왕권을 잡으셨다.
(계 19:6)

밧모 섬에 유배 중이었던 사도 요한이 성령님께 사로잡혀 천국으로 올라가서, 이 땅에서 경험하지 못한 아름다운 광경과 소리를 보고 듣는 특권을 누렸다. 사도 요한은 천국에서 보고 들은 많은 것으로 주님 앞에 엎드려 예배할 수밖에 없었다. 사도 요한은 천국에서 여러 가지 장엄한 소리를 듣고 계시록에 여러 번 반복해서 언급할 만큼 깊은 감동을 받았다. 계시록에서는 천국의 장엄함 음성이 적어도 40회 이상 언급된다. 계시록에 사도 요한이 묘사한 장엄한 음성은 오늘날 우리에게 매우 중요한 의미를 전달한다. 아래의 목록은 사도 요한이 계시록에 기록한 장엄한 음성을 정리한 것이다.

1. 나팔(트럼펫) 소리 같은 음성 (계 1:10; 4:1)

트럼펫은 매우 큰 소리를 내는 악기다. 구약시대뿐만 아니라 20세기 초반까지 트럼펫은 큰 소음으로 가득 찬 전쟁터에서도 잘 들렸기 때문에 전쟁을 위한 신호를 표현하는 악기였다. 사도 요한이 나팔소리(트럼펫) 같은 음성을 기록한 것은 뚜렷하고 강력한 음성을 들었다는 의미이다.

2. 많은 물소리 같은 음성 (계 1:15)

계시록 1:15에서 사도 요한은 예수 그리스도의 음성이 많은 물소리 같다고 한다. 이 땅의 소리 중에서 천국에 기록된 예수님의 음성과 가장 비슷한 소리는 지구를 뒤흔드는 것 같은 나이아가라 폭포의 굉음이 아닐까? 나이아가라 폭포는 엄청난 물이 폭포 아래로 떨어지면서 주변의 모든 소리를 압도한다. 예수 그리스도의 음성은 모든 것을 압도한다!

3. 많은 천사의 음성 (계 5:11-12)

수천, 수만의 예배하는 천사와 스랍과 그룹 천사로 구성된 천국 합창단의 엄청난 소리를 상상해 보라. 그 소리의 영향력은 얼마나 강력할까? 아마 천국에 끝이 있다면 천국 끝까지 울려 퍼지지 않았을까?

4. 큰 우렛소리 같은 음성 (계 6:1; 14:2)

큰 폭발음 같은 우렛소리는 먼 거리에서도 들린다. 하나님의 보좌를 두른 생물들의 소리가 우렛소리 같다는 것은 천국의 존재들이 강력한 권위와 능력이 있음을 나타낸다.

5. 셀 수 없을 만큼 큰 무리의 음성 (계 7:9-10 ; 19:6)

계시록 7:9-10, 19:6절에 나오는 음성은 구원받은 많은 성도의 음성을 나타낸다. 모든 나라와 족속과 백성과 방언에서 나온 수많은 무리와 천사들의 합창단이 연합하여 내는 소리를 상상해 보라!

6. 큰 음성과 힘찬 음성 (계 5:2,12; 6:10; 7:2,10; 8:13; 11:12; 14:7; 18:2)

사도 요한은 계시록에 자신이 들은 큰 음성과 힘찬 음성을 기록했다. 약한 소리는 무력하고 힘없는 영적인 상태를 의미하며 크고 강한 소리는 힘과 능력을 의미한다.

7. 사자의 함성과 같은 음성 (계 10:3)

동물원에서 크게 울부짖는 사자와 호랑이의 소리로 직접 보지 않아도 사자와 호랑이가 있다는 것을 안다. 사자나 호랑이가 울부

짖을 때 나는 자연적인 초저음^{SUPER LOW BASS}은 아주 멀리까지 퍼져 나간다.(암1:2)

사도 요한은 이외에도 네 생물과 장로들과 셀 수 없는 천사의 무리와 구원받은 무리의 음성이 함께 어우러진 큰 소리도 묘사한다. 천상의 예배는 많은 물소리 같다. 지금 우리의 귀로 들을 수는 없지만, 이것은 분명한 사실이다.

만일 당신이 지금 큰소리로 찬양하고 예배하는 것이 익숙하지 않다면 먼 훗날, 천국에 갔을 때 큰 문화충격에 빠질지도 모르니 지금부터 큰 소리로 예배하는 연습을 하는 것은 어떨까? 위대하신 우리의 하나님은 찬양받으시기 합당하시다!

> 그들은 큰 소리로 죽임을 당하신 어린양은 권세와 부와 지혜와 힘과 존귀와 영광과 찬양을 받으시기에 합당하십니다하고 외치고 있었습니다. (계 5:12)

루-아 : 하나님의 호흡
RELEASING THE 'RU-AH' BREATH OF GOD

주 하나님이 땅의 흙으로 사람을 지으시고 그의 코에 생명의 기운을 불어넣으시니 사람이 생명체가 되었다. (창 2:7)

하나님께서 아담에게 생기를 불어넣으셨을 때 하나님의 신적 본성의 일부가 아담을 살아있는 존재로 만들었다. 성령님께서 거주하시는 믿는 사람[BELIEVER]들이 기름 부음 안에서 노래하고 기도하며, 찬양하고 설교하며, 예언하고 예배할 때 하나님의 '루-아'(Ru-ah:호흡, 영, 바람)가 풀어진다. 하나님의 호흡이 풀어질 때 그 힘과 영향력은 영적인 영역뿐만 아니라 자연적인 영역에도 매우 강력한 영향을 끼친다. 하나님의 호흡에 원수를 소멸하는 강력한 능력이 있음을 알려주는 성구가 많다.

> 그 때에 불법자가 나타날 터인데 주 [예수]께서 그 입김으로 그를 죽이실 것이고 그 오시는 광경의 광채로 그를 멸하실 것입니다. (살후 2:8)

> 모두 하나님의 입김에 쓸려 가고, 그의 콧김에 날려 갈 것들이다. (욥 4:9)

> 28 그의 숨은 범람하는 강물 곧 목에까지 차는 물과 같다. 그가 파멸하는 키로 민족들을 까부르시며 미혹되게 하는 재갈을 백성들의 입에 물리신다. 33 이미 오래전에 불타는 곳을 준비하셨다. 바로 앗시리아 왕을 태워 죽일 곳을 마련하셨다. 그 불구덩이가 깊고 넓으며 불과 땔감이 넉넉하다. 이제 주님께서 내쉬는 숨이 마치 유황의 강물처럼 그것을 사르고 말 것이다. (사 30:28, 33)

우리가 하나님의 기름 부음 안에서 노래하고 기도하며 찬양하고, 설교하며 예언하고 예배할 때 하나님의 호흡이 풀어진다. 생명력 있고 능력 있는 하나님의 '루-아'를 우리의 입으로 풀어놓을 때, 놀라운 일이 나타날 것이다.

> 이렇게 말씀하신 다음에 그들에게 숨을 불어넣으시고 말씀하셨다. 성령을 받아라. (요 20:22)

성령님의 강

RELEASING THE RIVERS OF THE SPIRIT

나를 믿는 사람은 성경이 말한 바와 같이 그의 배에서 생수가 강물처럼 흘러나올 것이다. (요 7:38)

주 예수 그리스도를 믿는 신자 안에 성령님께서 거하신다. 우리 안에 계신 성령님은 축복의 근원이시다. 우리가 성령님 안에서 기도하고 예배할 때 성령님의 강이 풀어진다. 성령님의 강은 생명과 회복의 강, 기름 부음과 치유의 강, 예언과 기쁨과 축복의 강이다. 성령님의 강을 풀어놓아라. 기도의 강, 기름 부음의 강, 찬양의 강, 예배의 강, 기쁨의 강, 생명의 강, 예언의 강, 축복의 강이 흘러가게 하라. 우리에게서 성령님의 강이 흘러 영적으로 목마른 사람들의 갈증을 해소하게 하라.

우리 내면에서 성령님의 강이 마르거나 막히지 않고 자유롭게 흐르게 하라. 성령님의 강이 더욱 풍성하게 흘러갈 때 풍성한 축복이 풀어질 것이다.

> 이 강물이 흘러가는 모든 곳에서는 온갖 생물이 번성하며 살게 될 것이다. 이 물이 사해로 흘러 들어가면 그 물도 깨끗하게 고쳐질 것이므로 그 곳에도 아주 많은 물고기가 살게 될 것이다. 강물이 흘러가는 곳이면 어디에서나 모든 것이 살 것이다. (겔 47:9)

"
우리가 성령 안에서 기도하고 예배할 때
성령님의 강이 풀어진다. 성령님의 강은
생명과 회복의 강, 기름 부음과 치유의 강,
예언과 기쁨과 축복의 강이다.
"

12

목소리의 능력
THE POWER OF YOUR VOICE

보십시오. 그대의 인사말이 내 귀에 들어왔을 때에 내 태중의 아이가 기뻐서 뛰놀았습니다. (눅 1:44)

우리가 목소리를 낼 때 감정이 풀어지고, 감정이 풀어지면 우리의 영^{SPIRIT}이 풀어진다. 우리의 영이 풀어지면 우리 안에 내주하시는 성령님의 기름 부으심과 생명과 호흡이 풀어진다. 우리의 삶과 목소리를 성령님께 내어 드릴 때, 우리의 목소리는 하나님의 기름 부으심과 영광이 임하는 통로가 된다. 세례요한을 잉태한 엘리사벳이 마리아의 문안 인사(마리아의 목소리)를 들었을 때, 태중의 아이가 기뻐하며 뛰어놀았다. 목소리가 우리를 움직인다.

41 엘리사벳이 마리아의 인사말을 들었을 때에 아이가 그의 뱃속에서 뛰놀았다. 엘리사벳이 성령으로 충만해서 42 **큰 소리로** 외쳐 말했다. 그대는 여자들 가운데서 복을 받았고 그대의 태중의 아이도 복을 받았습니다. 43 내 주님의 어머니께서 내게 오시다니 이것이 어찌된 일입니까? 44 보십시오. 그대의 인사말이 내 귀에 들어왔을 때에 내 태중의 아이가 기뻐서 뛰놀았습니다. (눅 1:41-44)

8 그 남자와 그 아내는 날이 저물고 바람이 서늘할 때에 주 하나님이 동산을 거니시는 **소리**를 들었다. 남자와 그 아내는 주 하나님의 낯을 피하여서 동산 나무 사이에 숨었다. 9 주 하나님이 그 남자를 부르시며 물으셨다. 네가 어디에 있느냐? 10 그가 대답했다. 하나님께서 동산을 거니시는 **소리**를 제가 들었습니다. 저는 벗은 몸인 것이 두려워서 숨었습니다. (창 3:8-10)

우리의 목소리는 하나님께 받은 가장 독특하고 귀한 선물이다. 목소리는 생각과 느낌을 소통하는 것만 돕는 것이 아니라 내적인 감정과 영혼을 표현한다. 또 목소리는 놀라울 정도로 넓은 범위의 소리를 표현하므로 다양한 음악적 표현을 위한 좋은 도구가 된다. 종종 대기와 바람의 조건이 잘 맞으면 앰프와 스피커를 사용하지 않고도 아주 멀리까지 소리를 전달한다.

각자의 목소리에는 독특한 자연적 특성뿐 아니라 영적인 특성도 있어서 우리가 목소리를 내는 것은 영혼을 표현하는 것과 같다. 성령님께서 내주하시는 신자가 목소리를 낼 때 그 주변을 하나님의 기름 부음으로 채운다. 하나님의 천사도 말^{WORDS}, 즉 영의 말을 통해 다니엘에게 힘을 불어넣었다.

> 그리고 그가 말했다. 하나님이 사랑하는 사람아 두려워하지 말아라. 평안하여라. 강건하고 강건하여라. 그가 내게 하는 말을 들을 때에 내게 힘이 솟았다. 내가 말했다. 천사님이 나를 강하게 해주셨으니 이제 내게 하실 말씀을 해주시기 바랍니다. (단 10:19)

성령님의 성전된 우리가 노래하고 기도하며, 중보하고 찬양하며, 예배하고 예언하며, 소리높여 방언할 때 우리의 목소리를 통해 성령님의 음성이 역사한다. 우리를 통해 기름 부음 넘치는 성령님의 음성이 풀어질 때 자연적인 영역과 영적인 영역에 기적을 일으키는 강력한 하나님의 능력이 임한다. 우리의 목소리는 닫힌 문을 여는 영적인 열쇠다.

높은 목소리, 높은음은 우리의 영혼을 자극한다. 예배 때 높은 목소리를 내는 것은 예배의 강렬함과 하나님을 향한 갈망을 표현하는 방법이다. 높은 목소리와 높은음은 강렬한 천상 예배의 기쁨을 맛보고자 하는 열망을 상징한다. 조화로운 화음과 높은음은 우리의 마음을 울리고 천국에서 누릴 천사들의 노래가 얼마나 아름다울지 상상하게 한다. 천상의 소리를 상상할 때 우리의 영이 천국을 향해 일어날 것이다.

> 하나님은 모든 것이 제때에 알맞게 일어나도록 만드셨다. 더욱이 하나님은 사람들에게 과거와 미래를 생각하는 감각을 주셨다. 그러나 사람은 하나님이 하신 일을 처음부터 끝까지 다 깨닫지는 못하게 하셨다. (전 3:11)

어떤 이들은 높은음과 높은 목소리가 천국에 있는 영원의 소리와 비슷하다고 이야기한다. 영원의 소리란 조화롭고 아름다우며 웅장한 천상의 소리를 말한다. 예수님의 다시 오심이 가까워질수록 전 세계의 예배하는 교회에 천상의 소리가 더 크고 높게 울려 퍼질 것이다.

루스 워드 헤플린은 약 40년간 여러 나라에서 세계적인 지도자들에게 사역했다. 루스가 쓴 많은 책 중에 "영광^{GLORY}"은 인기 도서가 되어 많은 언어로 번역되었으며, "I Ask for the Nations"와 "Heavens are Open"이라는 곡은 세계적으로 알려졌다.

나는 룻 워드 헤플린과 잊을 수 없는 강력한 집회에서 4번이나 함께 사역하는 특권을 누렸다. 그중 하나가 1999년 예루살렘 집회였다. 사역하는 시간뿐 아니라 식사하는 아주 일상적인 순간에도 하나님의 임재와 강한 기름 부음을 느꼈다.

루스 워드 헤플린의 가장 독특한 사역 특징은 강력하고 기름 부음 있는 노래였다. 루스가 입을 열어 노래하며 설교하는 동안 하나님의 기름 부음과 영광이 그녀의 목소리를 통해 흘러나왔기 때문에 회중은 주의를 기울였다. 룻 워드 헤플린은 내가 경험한 하나님의 기름 부음과 임재와 영광을 풀어놓는 진정한 예배자이며 영적인 운반자였다. 룻 워드 헤플린은 2000년 9월 15일 영원하신 하나님의 품에 안겼다.

> "
> 성령님의 성전된 우리가 노래하고
> 기도하며, 중보하고 찬양하며, 예배하고
> 예언하며, 소리높여 방언할 때
> 우리의 목소리를 통해 성령님의
> 음성이 역사한다.
> "

13

새로운소리, 기름부은소리, 영광의소리
NEW SOUNDS, ANOINTED SOUNDS, GLORY SOUNDS

> 2 나는 그리스도를 믿는 사람 하나를 알고 있습니다. 그는 십사 년 전에 셋째 하늘에까지 이끌려 올라갔습니다. 그 때에 그가 몸 안에 있었는지 몸 밖에 있었는지 나는 알지 못하지만 하나님께서는 아십니다. 4 이 사람이 낙원에 이끌려 올라가서 말로 표현할 수도 없고 사람이 말해서도 안 되는 말씀을 들었습니다. (고후 12:2,4)

주님께서 사랑하는 자녀들에게 새로운 소리, 기름 부음 받은 소리, 조화로운 목소리와 음악을 통해 천상의 소리를 들려주신다. 그 소리는 영원의 세계에서 울려 퍼지는 영광의 소리 SOUND OF GLORY 이며 성령님께서 계시하시는 소리다. 새로운 소리를 통해 하나님의 신비로운 본성이 표현된다. 음악과 소리는 메시지를 전달할 뿐만 아니라 성령님의 의도와 감정, 계시와 기름 부음을 전달한다. 소리는 어떤 느낌이나 경험을 말^{WORD}과 그림보다 더 효과적으로 전달한다. 주님께서 주시는 특별한 계시나 기름 부음 중에는 성령님의 영감을 받은 음악이나 소리를 통해서만 전달되는 것도 있다.

기름 부음 받은 새로운 소리, 예언적인 음악, 살아있는 말씀, 하나님의 영광을 담은 우리의 목소리, 이 모든 소리는 하나님의 신적 본성을 표현하며 하나님의 영광의 빛처럼 영적인 영역을 관통하여 흑암의 권세를 흩어버린다. 새로운 소리, 기름 부은 소리, 영광의 소리가 울려 퍼질 때 하나님의 권능이 드러나고 사단과 흑암의 군대는 두려워 떨 것이다. 사단은 하나님의 능력이 역사하는 곳에서 도망친다.

하나님의 영광의 소리에 사단의 견고한 진이 무너지면 하나님의 자녀들이 지금까지 듣지 못한 천상의 선율과 예배의 소리를 듣게 된다. 기름 부음 받은 새로운 소리와 예언적인 음악을 환영하고 받아들이면 우리 존재의 깊은 곳에 많은 변화가 일어난다.

하나님은 기름 부음 받은 소리와 음악을 통해 우리의 영혼을 새롭고 민감하게 하시며 성령님을 느끼도록 우리의 영적인 주파수를 하나님께 맞추고 하나님의 풍성한 신적 본성의 일부를 우리의 영 안에 넣어 주시기도 한다. 우리가 천국에서 나오는 소리를 들을 때 영혼이 활기를 띠며 믿음, 위엄, 경이로움, 경외감, 위로, 확신, 거룩한 경외감이 일어나며 천상의 소리가 잠들어 있는 성도 들을[SAINT] 깨우고 다가오는 마지막 날의 긴박함을 느끼게 한다.

소리와 음성은 의미를 전달할 뿐 아니라 독특한 영적 신호를 내보낸다. 음악과 소리, 우리의 목소리와 움직임은 복잡하게 얽힌 감정을 풀어 표현하도록 격려한다. 우리의 감정을 건강하게 표현하는 것은 건강하고 온전한 삶, 행복한 삶을 위해 필수적이다. 오랫동안 감정을 억누르고 억제하면 우울증에 빠진다. 우울증은 육체뿐만 아니라 영혼에도 큰 손해를 입힌다. 감정적인 억압을 경험한 사람은 감정의 치료가 필요하다.

하나님께 노래하고 예배하는 것은 가장 자연스럽고 건전하게 우리의 감정과 영을 풀어 놓는 방법이다. 예배자들은 감정과 영이 자유롭게 풀릴 때 좋은 감정을 느낀다. 감정과 영혼의 풀림은 우리를 새롭게 하고 정결케 하며 자유롭게 한다. 결국, 하나님을 예배하는 것이 사람의 영혼에 가장 안전하고 건강한 치료법이다. 이 '예배 치료법'으로 영혼의 질병 대부분을 치료한다. 아침, 점심, 저녁마다 하나님을 예배하라.

> 저녁에도 아침에도 한낮에도 내가 탄식하면서 신음할 것이
> 니 내가 울부짖는 소리를 주님께서 들으실 것이다. (시 55:17)

다윗의 세대는 천상의 리듬을 따라 움직인다. 하나님의 마음을 구하는 사람들은 하나님의 말씀을 듣고 이해한다.

> 주님께서 시온에서 외치시고 예루살렘에서 **큰소리**를 내시니 하늘과 땅이 진동한다. 그러나 주님께서는 당신의 백성에게 피난처가 되실 것이다. 이스라엘 자손에게 요새가 되실 것이다. (욜 3:16)

> 아모스가 선포했다. 주님께서 시온에서 부르짖으시며 예루살렘에서 **큰소리**로 외치시니 목자의 초장이 시들고 갈멜산 꼭대기가 마른다. (암 1:2)

요엘서 3:16은 마지막 때에 주님께서 큰소리로 외치신다고 표현한다. 왕의 함성과 승리의 함성, 찬양과 예배하는 용사들의 우렛소리 같은 외침, 삼위일체 하나님의 소리, 영적인 기쁨과 자유의 소리, 주님의 군대의 소리, 하나님의 왕국이 확장되는 소리, 영광의 소리, 이 모든 소리가 새로운 소리이며 부흥의 소리다!

영적인 영역은 하나님의 새로운 소리를 듣는다. 기름 부어진 새로운 소리가 영적인 세계에 울려 퍼질 때, 하나님의 군대에 흑암의 군대를 싸워 이기는 기름 부음과 능력이 역사하며, 흑암의 군대는 두려워 떨 것이다. 새로운 소리는 사단과 흑암의 군대에 주님께서 복수하시는 심판 날이 다가옴을 기억하게 한다. 결국, 심판 날에 사단은 불 못에 던져지고 깊은 구덩이에 갇힐 것이다.

> 1 폭풍이 나의 마음을 거세게 칩니다. 2 네 분은 모두 하나님의 음성을 들으십시오. 그분의 입에서 나오는 천둥과 같은 소리를 들으십시오. 3 하나님이 하늘을 가로지르시면서 번개를 땅 이 끝에서 저 끝으로 가로지르게 하십니다. 4 천둥과 같은 하나님의 음성이 들립니다. 번갯불이 번쩍이고 나면, 그 위엄찬 천둥소리가 울립니다. 5 하나님이 명하시면, 놀라운 일들이 벌어집니다. 도저히 이해할 수 없는 신기한 일들이 일어납니다. (욥 37:1-5)

사단이 이끄는 흑암의 군대와 달리 하나님의 거룩한 천군 천사들은 주님께서 구원하시는 영광스러운 소리가 울려 퍼질 때 기뻐한다. 왜냐하면, 그 소리가 천사들에게 익숙한 천국의 예배이기 때문이다. 그래서 많은 사람이 예언적 예배를 드리는 동안 천사를 보았다고 간증하며, 이것은 전혀 놀랄 일이 아니다.

14

조화로움

HARMONY

나는 아버지께서 내게 주신 영광을 그들에게 주었습니다. 그
것은 우리가 하나인 것과 같이 그들도 하나가 되게 하려는
것입니다. (요 17:22)

그 얼마나 아름답고 즐거운가! 형제자매가 어울려서 함께 사
는 모습! (시 133:1)

하나님은 모든 것이 제때에 알맞게 일어나도록 만드셨다. 더
욱이 하나님은 사람들에게 과거와 미래를 생각하는 감각을
주셨다. 그러나 사람은 하나님이 하신 일을 처음부터 끝까지
다 깨닫지는 못하게 하셨다. (전 3:11)

모든 것이 완전한 조화를 이루는 천국의 예배는 영광스럽고 아름답다. 삼위일체 하나님도 완전한 하나 됨 속의 조화를 즐기신다. 루시퍼가 반란을 일으키기 전까지 천국은 모든 것이 조화를 이룬 아름답고 평화로운 곳이었다. 그러나 루시퍼가 가장 높은 자리를 탐내면서 하나님의 보좌를 탈취하기 위해 천사들의 1/3을 일자기편으로 끌어들여 평화로운 천국에 전쟁을 일으켰을 때, 천국에 가득한 연합의 분위기에 투쟁과 불화와 분열이 생겼다.

이 땅에서는 사람이 죄로 타락했을 때 하나님께서 창조하신 모든 것이 어긋났고 에덴동산을 가득 채운 하나님과 인간의 감미로운 사귐을 깨고 죄의 결과로 마찰과 혼란, 불화와 분열, 긴장이 스며들었다.

> 하나님의 계획은, 때가 차면, 하늘과 땅에 있는 모든 것을 그리스도 안에서 그분을 머리로 하여 통일시키는 것입니다.
> (엡 1:10)

에베소서 1:10의 "통일시키는 것"이라는 말씀은 "화해하다. 하나 됨을 회복하다"라는 뜻이다. 다시 말하면, 하나님께서 마지막 때에 그리스도 예수 안에 모든 것이 조화를 이루는 상태로 회복하시겠다는 말씀이다. 성부와 성자와 성령, 삼위일체 하나님은 완벽한 조화를 이루며 하나로 거하신다. 하나님은 모든 믿는 사람의 관계가 삼위 하나님의 조화로운 관계처럼 연합하길 원하신다.

그리스도와 성령님은 하나님과 인간의 관계를 다시 회복하시기 위해 오셨다. 하나님과 인간의 관계가 다시 회복될 때 천국에 존재하는 완전한 조화로움이 이 땅에 이루어진다.

예배는 하나 됨[UNITY]이다. 가사와 소리, 음악과 리듬이 서로 보완하여 조화를 이루고 모든 회중이 하나 될 때 즐거운 소리가 발생한다. 서로 보완하고 조화를 이루어 하나 되는 것은 우리를 영적인 연합으로 이끈다. 즉, 하나님을 향한 예배는 회중의 영적인 연합을 돕는다.

우리는 예배를 통해 천국처럼 서로 조화를 이루어 사는 법을 배운다. 우리가 함께 영으로 예배하는 것은 천국의 조화로움을 이 땅에 실현하는 것이며 만물을 회복하시는 하나님의 일에 직접 참여하는 것이다.

조화로운 소리는 하나님의 조화로운 성품과 본성을 계시해 준다. 특별히 우리가 하나님을 예배할 때 발생하는 조화로운 소리는 천국의 아름다운 조화를 미리 맛보게 한다.

15

조화로운 소리
HARMONIOUS SOUNDS

시와 찬미와 신령한 노래로 서로 화답하며 여러분의 가슴으로 주님께 노래하며 찬송하십시오. (엡 5:19)

소리는 감정을 전달하고 표현한다. 어떤 특정한 음악 장르와 소리는 실제로 듣는 사람에게 불안과 혼란과 불쾌감을 준다. 초조함과 불안감을 일으키는 음악은 듣는 사람들의 내적인 안정을 방해한다. 논쟁과 혼란, 선동과 투쟁의 소리는 조화로운 소리와 달라서 사람의 마음에 불안감을 주고 혼란스럽게 한다. 악하고 시끄러운 소리와 하나님을 예배하는 사람의 소리는 분명히 차이가 있다. 하나님을 예배하는 사람의 소리는 우리의 마음을 아름답고 즐겁게 한다. 우리가 특별히 좋아하는 소리와 음악이 있듯이 하나님도 특별히 즐거워하시는 소리가 있다. 하나님은 사랑하는 자녀들이 드리는 감미로운 예배를 즐거워하신다. 나는 천사들도 구원받은 사람들의 예배 소리를 듣고 싶어할 것이라고 생각한다.

> 바위 틈에 있는 나의 비둘기여 낭떠러지 은밀한 곳에 숨은 나의 비둘기여 그대의 모습 그 사랑스런 모습을 보여 주오. 그대의 목소리 그 고운 목소리를 들려주오. (아 2:14)

아름다운 소리의 창시자시며 최고의 음악가이신 하나님께서 자연의 오케스트라를 통해 조화로운 소리를 만드셨다. 우리의 마음에 평안을 주는 음악, 용기와 힘을 북돋아 주는 음악, 사랑스러운 분위기를 자아내는 음악도 있다. 어떤 음악은 슬픔을, 또다른 음악은 밝고 생기있는 것을 표현하기도 한다.

음악과 노래는 독특한 영향력이 있다. 음악은 우리의 마음과 감정뿐만 아니라 영에도 영향을 주기 때문에 음악을 선택할 때 신중해야 한다. 기독교 음악이라고 해서 모든 것이 좋지는 않다. 가급적 기도와 예배로 이끄는 음악과 노래를 선택하라. 음악이 끼치는 강력한 영향력을 볼 때, 음악 사역자들은 항상 성령님의 감동 아래 있어야 한다. 회중이 연합하여 같은 리듬에 맞추어 한목소리로 노래하고 예배할 때 하늘에서 풍성한 기름 부음이 임한다.

1 그 얼마나 아름답고 즐거운가! 형제자매가 어울려서 함께 사는 모습! 2 머리 위에 부은 보배로운 기름이 수염 곧 아론의 수염을 타고 흘러서 그 옷깃까지 흘러내림 같고 3 헤르몬의 이슬이 시온 산에 내림과 같구나. 주님께서 그곳에서 복을 약속하셨으니 그 복은 곧 영생이다. (시 133:1-3)

예배 중에 회중이 자유롭게 서로 다른 화음으로 노래하는 새노래 시간을 만들고 적극적으로 격려하라. 회중이 자유롭게 노래할 때 자기 소리를 듣고 자연스럽게 영적으로 서로 보완하고 지원하면서 조화를 이루는 법을 배운다.

시와 찬미와 신령한 노래로 서로 화답하며 여러분의 가슴으로 주님께 노래하며 찬송하십시오. (엡 5:19)

주님께서 시온을 위로하신다! 그 모든 황폐한 곳을 위로하신다. 주님께서 그 광야를 에덴처럼 만드시고 그 사막을 주님의 동산처럼 만드실 때에 그 안에 기쁨과 즐거움이 깃들며 감사의 찬송과 기쁜 노랫소리가 깃들 것이다. (사 51:3)

16

하나님을 예배하라

WORSHIP GOD

> 이 네 생물은 각각 날개가 여섯 개씩 달려 있었는데 날개 둘 레와 그 안쪽에는 눈이 가득 달려 있었습니다. 그리고 그들 은 밤낮 쉬지 않고 거룩하십니다 거룩하십니다 거룩하십니 다 전능하신 분 주 하나님! 전에도 계셨으며 지금도 계시며 또 장차 오실 분이십니다! 하고 외치고 있었습니다. (계 4:8)

우리는 하나님께 노래하고 예배하도록 지음 받았다. 오직 하나님만 우리의 예배를 받으신다. 그러나 하나님을 알지 못하면 예배할 수 없다. 우리가 살아계신 하나님을 만나지 못하고 예배하지 못하면 하나님 아닌 다른 것을 예배하게 된다.

천국의 하나님께서 앉으신 보좌 주위에서 일어나는 핵심적인 일은 예배다. 계시록 4장과 5장에 하나님의 보좌가 천국의 중앙에 있고 그 주위를 그룹^{CHERUBIM}과 24 장로, 구원받은 자의 무리, 수천수만의 천사가 둘러섰다고 기록한다. 하나님은 보좌에 앉으셔서 사방에서 들려오는 예배의 소리를 즐기신다.

하나님의 보좌 주변 그룹 천사들의 일은 밤낮으로 끊임없이 예배하는 것이다. 예배는 천국의 가장 큰 기쁨이자 우리가 천국에서 영원히 해야 할 일이며, 우리의 창조 목적이다. 우리가 하나님을 예배할 때 우리뿐만 아니라 하나님께도 큰 즐거움이 있다. 예배는 하나님을 예배하는 예배자들의 영원한 즐거움의 원천이다.

하나님께서 창조하신 아름다운 창조물을 바라볼 때 거룩함, 지혜, 아름다움, 권능, 위대함, 영광이라는 초자연적인 본성을 경험하고 우리의 마음 깊은 곳에서 찬양과 예배와 감사의 마음을 일으킨다. 하나님의 완전한 본성과 성품은 오직 하나님과의 친밀한 관계에서 오는 계시를 통해서만 알 수 있다.

좋으신 하나님, 광대하신 하나님, 영광스러운 하나님, 자비로우신 하나님, 전지전능하신 하나님, 사랑의 하나님, 완전하신 하나님, 거룩하신 하나님을 예배하라. 우리가 하나님을 예배하고 그 선하심을 바라볼 때 하나님의 신적 본성에 참여하여 하나님을 닮아갈 것이다.

우리는 모두 너울을 벗어버리고 주님의 영광을 바라봅니다. 이렇게 해서 우리는 주님과 같은 모습으로 변화하여 점점 더 큰 영광에 이르게 됩니다. 이것은 영이신 주님께서 하시는 일입니다. (고후 3:18)

우리는 예배로 하나님과 영적으로 교제한다. 하나님을 예배할 때 우리의 영이 하나님의 영과 연합하며, 이 연합 안에서 "거룩한 대체DIVINE EXCHANGE"의 축복이 임한다. 거룩한 대체란 우리의 연약함이 하나님의 강함으로, 우리의 두려움이 하나님의 확신으로, 우리의 질병이 하나님의 강건함으로, 우리의 한계가 하나님의 전능하심 안에서 가능으로 바뀌는 변화를 말한다. 영과 진리로 하나님을 예배하는 모든 순간이 하나님의 성품에 참여하는 것이다.

8 이 모든 것을 듣고 본 사람은 나 요한입니다. 내가 이 모든 것을 듣고 볼 때에 이것들을 내게 보여 준 그 천사의 발 앞에 엎드려 경배하려고 했더니 9 그가 나에게 말했습니다. 이렇게 하지 말아라. 나도 너와 너의 동료 예언자들과 이 책의 말씀을 지키는 사람들과 같은 종이다. 경배는 하나님께 드려라. (계 22:8-9)

17

끝나지 않는 예배 : 영원한 사역
AN ETERNAL MINISTRY - THE CONTINUITY OF WORSHIP

2 그리고 나는 많은 물이 흐르는 소리와도 같고 큰 천둥소리와도 같은 음성이 하늘에서 울려오는 것을 들었습니다. 내가 들은 음성은 거문고를 타고 있는 사람들의 노랫가락과 같았습니다. 3 그들은 보좌와 네 생물과 그 장로들 앞에서 새 노래를 부르고 있었습니다. 땅에서 구원을 받은 십사만 사천 명 밖에는 아무도 그 노래를 배울 수 없었습니다. (계 14:2-3)

예배는 돈으로 살 수 없는 귀한 것이다. 이렇게 귀한 예배를 단지 주일 하루, 한 시간으로 제한하지 말라. 예배드리는 동안 예배자들의 영혼이 하나님께 나아가며 하나님의 경이로운 임재가 예배자들 위에 임할 때 주님의 만지심과 축복이 역사한다. 예배는 사람의 영과 하나님의 영이 만나는 시간이며 하늘과 땅이 만나는 시간이다! 예배의 시간은 진실로 정말 소중하고 값진 시간이다. 예배의 중요성을 과소평가하지 말라.

예배는 즐겁다. 우리는 예배를 통해 하나님의 선하심과 영광에 참여하여 즐겁게 누린다. 예배는 하나님의 놀라운 사랑과 풍성한 공급 하심을 기뻐하는 잔치다. 예배는 우리가 하나님의 임재와 천상의 영역으로 들어가는 것을 돕는다. 예배는 우리 영혼에 하나님의 광대하심과 경이로우심을 깊이 깨닫게 한다.

예배는 영적인 일이다. 기도와 찬양과 예배는 우리의 영을 강하게 하며 예배는 우리를 영적인 영역과 연결하기 때문에 예배할 때 하나님을 향한 우리의 믿음과 경외감이 더욱 커진다. 우리가 하나님을 예배할 때 하나님의 영이신 성령님과 하나 된다. 우리의 영이 하나님과 연결됨으로 우리는 날마다 하나님의 임재를 경험CONSCIOUSNESS하며 산다. 그래서 예배자는 하나님의 임재를 더 생각CONSCIOUS하고 더 민감해야 한다.

예배는 우리의 감정과 마음을 하나님께 집중하게 한다. 거룩한 하나님께 집중하면 우리의 영혼이 정결해진다. 하나님의 사랑에 집중하면 우리의 마음이 하나님을 더욱 사랑한다. 하나님의 힘과 능력에 집중하는 것은 우리의 믿음을 강하게 한다. 하나님의 선하심에 집중하는 것은 하나님께서 주시는 것을 받는 자리에 서게 한다. 우리가 하나님께 초점을 맞추면 자연스레 주님을 묵상하게 된다. 우리의 모든 것으로 하나님을 예배하는 것은 우리의 창조 목적인 하나님을 예배하는 사람이 되게 한다.

예배의 중요성과 예배하는 이유를 잃어버리지 말자. 마지막 때가 될수록 예배가 얼마나 중요한지 드러난다. 예배는 창조적이며 자유롭고 기쁘고 거룩한 활동이다. 우리는 하나님을 영원히 즐거워하며 영원토록 예배할 것이다.

> 그러나 온전한 것이 올 때에는 부분적인 것은 사라집니다. (고전 13:10)

> 나는 또 하늘과 땅 위와 땅 아래와 바다에 있는 모든 피조물과 또 그들 가운데 있는 만물이 이런 말로 외치는 소리를 들었습니다. 보좌에 앉으신 분과 어린양께서는 찬양과 존귀와 영광과 권능을 영원무궁하도록 받으십시오. (계 5:13)

마지막 때가 되어 하나님을 얼굴과 얼굴을 마주하는 날이 오면 지금 우리가 하는 많은 영적인 일이 멈추겠지만, 우리의 하나님은 영원토록 찬양과 예배를 받으시기에 합당하시므로 하나님을 향한 예배는 영원토록 계속될 것이다. 더 오랜 시간 지속하며, 인내하고, 영원의 가치를 깨닫는 것은 매우 중요하다.

계시록은 영원한 천국에서 가장 중요한 일을 예배라고 기록한다. 영원무궁하신 하나님은 영원히 예배받기에 합당하므로 예배는 멈출 수 없는 영원한 사역이다!

이 땅에서 결코 맛볼 수 없었던 아주 깊은 예배의 기쁨을 천국에서 경험할 수 있다. 우리는 영광으로 가득한 천국에서 하나님의 강렬한 임재를 느끼며 힘과 열정을 다하여 하나님을 깊이 예배하며 하나님의 풍성하심을 경험할 것이다.

> "
> 우리가 하나님을 예배할 때,
> 하나님의 영이신 성령님과 하나 된다.
> 우리의 영이 하나님과 연결됨으로
> 우리는 날마다 하나님의 임재를
> 경험하며 산다.
> "

18

예배하는 교회

WORSHIPING CHURCH

사람들이 나를 보고 주님의 집으로 올라가자 할 때에 나는
기뻤다. (시 122:1)

이 책을 읽는 독자 대부분이 "교회는 그리스도인이 분명한 축복과 확실한 삶의 변화를 경험하는 곳"이라는 정의에 아멘으로 화답할 것이라고 믿는다. 성령님께 열려 있는 교회는 긍정적인 기대와 믿음의 분위기가 가득하므로 그저 교회에 앉아 있는 것만으로도 즐겁다. 적극적인 성도들의 삶에서 생명과 기쁨, 자유를 느낄수 있는 것도 같은 이치다. 성령님께 열린 역동적인 교회는 열심히 기도하고 예배한다.

순회 사역할 때면 성령님께 열린 교회에서 사역할 때 훨씬 안정적이고 즐거운 이유는 단순하다. 평소에 성령님을 향한 갈급함과 열정이 훈련된 회중의 적극적인 반응이 하나님의 기름 부음과 은혜가 역사하는 것을 돕기 때문이다. 반대로 기도와 예배에 헌신하지 않는 교회에서의 사역은 매우 힘들다. 대부분 이런 교회의 회중은 영적으로 무겁고 소극적이기 때문에 상당한 시간을 들여 기도하고 예배하면서 마음을 깨워야 사역할 수 있다.

> 한때 에브라임은 길이 잘 든 암소와 같아서 곡식을 밟아서 잘도 떨었다. 그러나 이제 나는 그 아름다운 목에 멍에를 씌워 에브라임은 수레를 끌게 하고 유다는 밭을 갈게 하고 야곱은 써레질을 하게 하겠다. 내가 일렀다. (호 10:11)

유다의 의미는 찬양이다. 찬양과 예배는 성도들의 메마른 마음을 영적으로 갈아엎고 무거운 분위기를 깨트린다. 찬양은 회중의 마음과 영적인 분위기를 하나님의 말씀을 받도록 성령님께서 역사하시도록 준비한다.

이 세상에는 매우 실제적인 영적 압박이 존재한다. 세상의 악한 영이 우리의 마음과 영에 부정적인 영향력을 행사하는 것을 영적인 압박이라고 부른다. 원수들이 주는 압박은 열렬히 기도하고 찬양하며 격렬하게 예배드릴 때 파쇄된다.

하나님을 향한 노래와 기도와 찬양과 예배를 드리는 곳에 하나님의 임재와 기름 부음이 충만하게 임하면서 하나님의 자녀들을 위한 영적인 보호막을 형성한다. 하나님의 영적인 보호막, 임재의 보호막은 하나님의 자녀들을 위한 방패와 피난처가 되고 참된 안식을 제공한다.

하나님께 강력한 예배를 드리는 교회에 통치하고 다스리시는 하나님의 권능이 임해서 하나님의 일을 방해하는 영적인 저항을 파쇄하며 승인받은 사람을 통해서만 일하려고 하는 통제를 극복하게 한다.

예배는 우리의 영, 혼, 육을 모두 사용하므로 사람의 모든 영역에 치유가 일어나고 건강하게 하며 성령님께 민감한 마음을 회복시킨다. 예배하는 교회는 사역자들이 상담과 문제 해결에 시간과 열정을 소진하는 경우가 적은데, 이유는 예배하는 그리스도인들이 영적으로 더 건강하고 온전하며 성령님께 민감하기 때문이다.

예배하는 그리스도인들이 상대적으로 문제가 적은 이유는 스스로 하나님 앞에 가까이 나가는 법을 배웠기 때문이다. 예배자들은 예배를 통해 하나님의 능력에 가까이 갈 수 있음을 안다. 사람들이 삶에서 직면하는 많은 문제가 하나님과의 친밀한 교제 안에서 해결된다. 예배하는 그리스도인들은 영적인 표현과 내적 풀어짐이 주는 기쁨과 축복을 경험하고 예배를 통해 주님과 더 깊은 친밀함으로 누린다.

19

예언적 예배

PROPHETIC WORSHIP

24 하나님이여 그들이 주께서 행차하심을 보았으니 곧 나의 하나님 나의 왕이 성소로 행차하시는 것이라 25 소고 치는 처녀들 중에서 노래 부르는 자들은 앞서고 악기를 연주하는 자들은 뒤따르나이다 (시 68:24-25, 개정)

시편 68편은 회중에 하나님의 임재를 안내하는 다양한 사역의 협력을 보여준다. 노래하는 사람과 악기 연주자, 소고치며 춤추는 사람들과 양각 나팔 부는 사람들, 어깨에 법궤를 멘 제사장들 모두가 하나님의 법궤를 거룩한 도시 시온으로 운반하는데 함께 했다.

법궤는 하나님의 영광, 능력, 임재를 상징한다. 법궤를 운반하는 것은 영광의 왕이신 하나님을 모시는 것이다. 법궤를 멘 제사장들이 여섯 걸음 걸을 때마다 레위인들이 드렸던 희생 제사는 지속적인 중보 기도를 의미한다.

예언적 예배는 다양한 사역의 협력으로 이뤄진다. 예언적 예배는 단순히 노래하고 악기 연주하는 것으로 정의할 수 없으며 노래와 음악 그 이상의 것이다. 예언적으로 예배할 때 중보 기도와 영적 전쟁이 일어나고 예언적인 능력과 기름 부음 있는 소리와 창조적인 가사가 흘러나온다. 하나님의 영광과 생명, 빛과 성령님의 역사하심이 예언적 예배를 통해 임한다.

> 생명을 주는 것은 영이다. 육은 아무 데도 소용이 없다. 내가 너희에게 한 이 말은 영이요 생명이다. (요 6:63)

말은 능력이 있으며 말이 곧 영이요 생명이다. 성령님의 기름 부음 안에서 말할 때, 사람의 영에 생명과 해방을 주는 영적인 능력을 풀어놓는다. 기름 부음 있는 말은 하나님께서 원수들에게 판결하신 심판을 실행하며(시 149:7~9) 듣는 사람의 마음에 확신을 준다.(히 4:12) 연합 모임에서 기름 부은 말의 능력을 음악이나 예언적인 행동과 함께 사용할 때 그 능력이 풀어지고 교회를 배가시킨다. 성도들이 믿음으로 순종하고 영으로 찬양하며 중보하고 예배하며 예언하고 영적 선포를 할 때, 이러한 일들이 일어난다.

예언적인 예배는 어려운 것이 아니다. 단지 "우"나 "아" 같은 간단한 단어로 새로운 선율을 만들거나 "영광", "거룩", "할렐루야" 같은 단순한 단어로 예언적 예배를 드릴 수 있다. 예언적인 예배를 드릴 때 우리는 성령님의 감동으로 주님께 새 노래를 부른다.

> 내가 살아 있는 동안 나는 주님을 노래할 것이다. 숨을 거두는 그 때까지 나의 하나님께 노래할 것이다. (시 104:33)

예언적인 예배는 주님께 찬양과 예배만 드리는 것이 아니라 성령께서 이끄시는 기도와 중보로 나아간다. 예배와 기도가 연주와 함께 드려질 때, 회중의 분위기는 힘차며 즐겁고 행복하다.

> 5 그런 다음에 그대는 하나님의 산으로 가십시오. 그 곳에는 블레셋 수비대가 있습니다. 그 곳을 지나 성읍으로 들어갈 때에 거문고를 뜯고 소구를 치고 피리를 불고 수금을 뜯으면서 예배 처소에서 내려오는 예언자의 무리를 만날 것입니다. 그들은 모두 춤을 추고 소리를 지르면서 예언을 하고 있을 것입니다. 6 그러면 그대에게도 주님의 영이 강하게 내리어 그들과 함께 춤을 추고 소리를 지르면서 예언을 할 것이며, 그대는 전혀 딴 사람으로 변할 것입니다. (삼상 10:5-6)

사울 왕이 다양한 악기를 연주하며 예언하는 선지자 무리를 만나자 예언하기 시작했다. 예언과 음악은 말의 흐름에 영감을 불어넣는다는 점에서 밀접하게 연결되어 있다. **예언적인 음악은 예언이나 예언적인 노래를 시작하도록 영적인 감동을 주기 때문에 강력한 예언적인 예배가 있는 곳에는 예언과 새 노래가 강같이 흐른다.** 예언적인 예배는 영적인 분위기를 바꾸고 감동을 주어 예언의 흐름이 풀어지게 한다.

"
**예언적으로 예배할 때
중보 기도와 영적 전쟁이 일어나고,
예언적인 능력과 기름 부음 있는 소리와
창조적인 가사가 흘러나온다.**
"

20

예언적 예배의 영적 역동성
UNDERSTANDING THE SPIRITUAL DYNAMICS OF PROPHETIC WORSHIP

5 그런 다음에 그대는 하나님의 산으로 가십시오. 그 곳에는 블레셋 수비대가 있습니다. 그 곳을 지나 성읍으로 들어갈 때에 거문고를 뜯고 소구를 치고 피리를 불고 수금을 뜯으면서 예배 처소에서 내려오는 예언자의 무리를 만날 것입니다. 그들은 모두 춤을 추고 소리를 지르면서 예언을 하고 있을 것입니다. 6 그러면 그대에게도 주님의 영이 강하게 내리어 그들과 함께 춤을 추고 소리를 지르면서 예언을 할 것이며, 그대는 전혀 딴 사람으로 변할 것입니다. (삼상 10:5-6)

기름 부은 예언적 예배는 강력하다. 기름 부은 예언적 예배는 사람들에게 예언의 영을 풀어놓으며 예언적 권위와 능력을 부여

한다. 예언하지 못했던 사울이 선지자 무리를 만났을 때, 사울에게도 예언의 영이 임해서 예언하기 시작했다.

> 이전부터 그를 알던 모든 사람들이 보니 사울이 과연 예언자들과 함께 그렇게 예언을 하는 것이 아닌가! 그래서 그들이 기스의 아들에게 무슨 일이 일어났는가? 사울이 예언자가 되었는가? 하고 서로 말했다. (삼상 10:11)

예언적 예배는 성령님의 인도를 따라 흘러가는 예배다. 우리가 예언적으로 예배할 때 영의 영역에 속한 일들이 우리에게 역사하여 자유가 임하고 묶임이 풀려 더 명확하게 보고 듣고 느끼며 해석한다. 예언적 예배는 천상의 예배와 가장 비슷한 예배로서, 굉장히 유익하고 강렬하며 하나님의 영광이 임하는 예배다.

소화전이 수도꼭지보다 더 많은 양의 물을 내뿜는 것처럼 예언적인 예배가 다른 형태의 예배보다 더 강력한 하나님의 능력과 기름 부음을 풀어놓는 이유는 성령님께서 예언적인 예배 안에서 제한 없이, 더 자유롭게 역사하시기 때문이다. 예배^{SERVICE}의 주인은 성령님이시므로 자유롭게 역사하실 수 있어야 한다. 우리가 성령님을 제한하지 않을 때, 하나님께서 사랑하는 자녀들을 위해 준비하신 놀라운 일들을 경험한다.

그러나 성경에 기록한 바 눈으로 보지 못하고 귀로 듣지 못한 것들 사람의 마음에 떠오르지 않은 것들을 하나님께서는 자기를 사랑하는 사람들에게 마련해 주셨다한 것과 같습니다.
(고전 2:9)

강력한 예언적 예배를 드리는 열쇠는 성령님의 인도하심을 인정하고 예배에 성령님을 초청하여 성령님께서 원하시는 대로 흘러가는 것이다. 기름 부으심과 함께 흘러가는 것을 배우라. 성령님께서 인도하시고 지휘하시는 예배에는 풍성한 축복과 기름 부으심이 있다.

34 주님께서 모세에게 말씀하셨다. 너는 향품들 곧 **소합향**과 나감향과 풍자향을 구하여 그 향품들을 순수한 유향과 섞되 저마다 같은 분량으로 하여라. 35 너는 향을 제조하는 법을 따라서 잘 섞은 다음에, **소금을 쳐서** 깨끗하고 거룩하게 하여라. 36 너는 그 가운데서 일부를 곱게 빻아서 내가 너와 만날 회막 안 증거궤 앞에 놓아라. **이것은 너희에게 가장 거룩한 것이다.** (출 30:34-36)

예언적 예배는 마치 주님께서 기뻐하시는 향을 만들기 위해 향의 재료들을 같은 비율로 섞는 것과 같다. 예배의 구성요소가 서로 잘 어우러질 때, 영적인 능력이 더 많이 풀어진다. 예언적 예배는 음악과 노래, 춤과 연극, 회중의 소리 같은 하나님을 향한 다양한 구성 요소를 하나로 아울러 조화를 이루게 한다. 우리가 예배와 찬양을 올려 드리며 기도하고 중보하는 동안 영적인 영역에서 응답을 위한 실제적인 움직임이 일어난다. 이 중요한 진리를 알려 주는 많은 성구가 있다.

> 솔로몬이 기도를 마치니 하늘에서 불이 내려와 번제물과 제물들을 살라 버렸고 주님의 영광이 그 성전에 가득 찼다. (대하 7:1)

> 21 내가 이렇게 기도드리면서 아뢸 때에, 지난번에 환상에서 본 가브리엘이, 내가 있는 곳으로 급히 날아왔다. 저녁 제사를 드릴 때였다. 22 그가 나에게 와서 설명해 주었다. 다니엘아, 내가 이제 너에게 지혜와 통찰력을 주려고 한다. 23 네가 간구하자 마자, 곧 응답이 있었다. 그 응답을 이제 내가 너에게 알려 주려고 왔다. 네가 크게 사랑을 받고 있기 때문이다. 그러므로 그 말씀을 잘 생각하고, 그 환상의 뜻을 깨닫도록 하여라. (단 9:21-23)

> 10 그가 분향하는 동안에, 온 백성은 다 밖에서 기도하고 있었다. 11 그 때에 주님의 천사가 사가랴에게 나타나서 분향하는 제단 오른쪽에 섰다. (눅 1:10-11)

21 백성이 모두 세례를 받았다. 예수께서도 세례를 받으시고, 기도하시는데 하늘이 열리고 22 성령이 비둘기 같은 형체로 예수 위에 내려오셨다. 그리고 하늘에서 이런 소리가 울려 왔다. 너는 내 사랑하는 아들이요, 나는 너를 좋아한다. (눅 3:21-22)

28 이 말씀을 하신 뒤에 여드레쯤 되어서 예수께서는 베드로와 요한과 야고보를 데리고 기도하러 산에 올라가셨다. 29 예수께서 기도하고 계시는데 그 얼굴 모습이 변하고 그 옷이 눈부시게 희어지고 빛이 났다. (눅 9:28-29)

그들이 기도를 마치니 그들이 모여 있는 곳이 흔들리고 그들은 모두 성령으로 충만해서 하나님의 말씀을 담대히 말하게 되었다. (행 4:31)

예언적 예배의 중요한 열쇠는 악기 연주와 찬양과 예배를 기름 부음 안에서 멈추지 말고 계속하는 것이다. 예언적 예배는 몇 시간씩 계속 진행될 수도 있다. 어떤 부흥을 위한 모임에서는 독특한 성령님의 기름 부으심 때문에 우리가 이해하기는 어렵지만, 세 시간 동안 하나의 짧은 문장을 반복해서 노래하는 특별한 일도 있었다. 그곳에는 분명한 하나님의 임재와 영광이 있었다.

내가 사역한 교회 중에는 회중이 예배에서 마음껏 찬양하며 주님을 향해 영적으로 더 높이 날아오르는 것을 즐기며 예배가 끝나기를 원하지 않은 적도 있었다. 그들은 영적인 갈증을 통과했기 때문에 예배에 임하는 회복의 시간이 멈추지 않길 원했다. 예배자들이 예언적 예배의 흐름으로 들어가면 영적으로 메마르고 황폐한 땅에 회복이 찾아온다!

영적인 예배는 초대 교회의 많은 전통 중에 가장 먼저 잃어버린 영역이다. 단조로운 성가와 생명력 없는 예배 형식이^{LITURGIES} 영적인 예배를 대신 하면서 예배의 구조가 굳어졌고, 표현의 자유는 사라졌으며 예배 시간 또한 짧아졌다. 굳어진 예배의 구조 때문에 많은 제한과 방해로 회중의 자발적인 참여는 거의 사라졌다.

마지막 때 교회의 중요한 특징 중 하나는 주님의 영광으로 가득 찬 격렬한 예배를 드리는 것이다. 기름 부음 있는 예언적 예배는 마지막 때의 영적 전쟁의 중요한 무기다. 하나님은 기름 부음 받은 시편가[1], 댄서, 중보자, 예배의 용사를 사용하셔서 사단의 견고한 진을 파하실 것이다.

> 싸움에 쓰는 우리의 무기는 육체의 무기가 아니라 하나님 앞에서 견고한 요새라도 무너뜨리는 강력한 무기입니다. 우리는 궤변을 무찌르고 (고후 10:4)

---

1. 시편가 PSALMIST : 구약 시대에 시편을 기록한 다윗이 있었던 것처럼 현대에도 하나님을 향한 노래를 쓰고 부르는 사람들을 시편가라고 표현한다. 시편가라는 표현은 일반적인 작곡가나 인도자가 아니라 성령님의 감동을 따라 예배하는 예언적인 예배자의 측면을 의미한다.

우리는 예언적 예배를 통해 다양한 방법으로 하나님의 능력의 이름과 말씀을 영적인 영역에 공표하고^{DECLARED}, 선포하며 ^{PROCLAIMED}, 예언한다^{PROPHESIED}. 기름 부은 예언적 예배는 흑암의 영을 대적하는 강력한 영적인 공격 무기다. 예언적 예배는 ;

1. 하늘을 연다. (계 8:4~5; 19:1~11)
2. 하나님의 임재와 영광을 모셔 들인다. (고후 5:11~14)
3. 성령님의 기름 부으심과 능력을 풀어놓는다.
4. 흑암의 역사를 파쇄하는 하나님의 호흡을 풀어놓는다.(살후 2:8)
5. 주님의 음성을 풀어놓는다. (시 68:32~33)
6. 영적인 빛을 발산하여 흑암을 흩어버린다. (시 27:1~3)
7. 사단의 견고한 진을 부숴 버린다. (시 149:6~9)
8. 흑암의 능력을 결박한다. (시 149)
9. 구출^{DELIVERANCE}을 가져온다. (행 16:25~26; 시 124)
10. 천사의 사역을 풀어놓는다. (시편 103:20)
11. 예언의 영과 예언적인 기름 부음을 풀어놓는다. (삼상 10:5~10)
12. 영적인 확신이 들게 한다. (시 40:3)
13. 악령이 도망가게 한다. (삼상 16:23)
14. 기적을 위한 영적인 분위기를 준비한다. (창 1:2~3)

우리는 지금 전례 없는 영적 전쟁에 돌입했다. 1차 세계 대전 때 사용한 구식 무기를 가지고 현대 무기로 무장한 군대를 대항하는 것은 자살행위다. 하나님은 예수 그리스도의 몸 된 교회에 마지막 때의 영적 전쟁을 수행할 강력한 새 무기를 주셨다. 무엇이 새롭고 강력한 무기인가? 예언적인 기름 부음, 시편가의 기름 부음, 집단적인 중보와 예언적 예배의 기름 부음이 강력한 무기다.

예언적 예배를 구성하는 예언적 기도와 중보, 찬양과 예배, 춤이 조화롭게 협력할 때 영적 전쟁을 위한 영적인 핵폭탄이 된다. 마지막 때가 다가올수록 시편가의 사역과 역할이 교회에 드러나고 인정되며, 더 많은 악기가 사용될 것이다. 성령님의 기름 부음으로 예언적인 선포와 예언적인 행동(손뼉, 양각 나팔, 탬버린, 깃발 등)과 집단적인 기도와 예배가 하나님의 큰 능력을 풀어놓을 것이다.

> 이스라엘의 찬송 중에 계시는 주여 주는 거룩하시나이다
> (시 22:3, 개정)

하나님은 자녀들의 찬양 중에 거하시며 우리가 하나님을 예배할 때 임재와 영광을 나타내신다. 더 강력한 하나님의 임재와 거룩한 나타남을 경험하려면 하나님을 기쁘시게 하는 찬양과 예배를 더 많이 올려 드려야 한다. 각 지체의 협력이 돌파(BREAKTHROUGH)를 일으키고, 돌파는 축복의 문을 연다. 돌파는 공동체의 단합된 헌신을 통해 이루어진다.

21

영광스러운 자유
GLORIOUS LIBERTY - LIBERTY IN THE REALM OF THE SPIRIT

그것은 곧 피조물도 썩어짐의 종살이에서 해방되어서, 하나님의 자녀가 누릴 영광된 자유를 얻으리라는 것입니다. (롬 8:21)

예언적인 예배는 성령님께서 이끄시는 예배로서 형식이나 시간의 제약 없이 자유로우며 예측하지 못한 새롭고 창조적인 표현과 시도로 충만하다. 그래서 예언적 예배는 역동적이고 자유로우며 생기가 넘친다. 우리는 예언적인 예배 안에서 수준 높은 자유와 해방감을 맛보면서 충만한 만족감을 누리기 때문에 일단 예언적 예배를 경험하고 나면 다른 예배로는 만족하지 못한다. 그러나 이것이 영적인 균형을 상실했다는 의미는 아니며 오히려 예배의 깊이와 이해가 더 넓어졌다는 의미이다.

> 주님은 영이십니다. 주님의 영이 계신 곳에는 자유가 있습니다.
>
> (고후 3:17)

우리가 성령님을 따라 살면 장애물과 경계선이 없는 영광스럽고 자유로운 삶을 누리면서 우리의 영이 하나님을 향해 높이 날아올라 영적인 것을 받아 전달할 수 있다. 우리의 영은 아직 발견하지 못하고 개발하지 못한 많은 가능성이 있다.

> 하나님께서 나사렛 예수에게 성령과 능력을 부어 주셨습니다. 이 예수는 두루 다니시면서 선한 일을 행하시고 마귀에게 억눌린 사람들을 모두 고쳐 주셨습니다. 그것은 하나님께서 그와 함께 하셨기 때문입니다. (행 10:38)

사단은 무거움과 속박을 주는 악한 압제자다. 사단은 우리가 속박 아래 자유를 누리지 못하도록 수단과 방법을 가리지 않고 우리의 영을 더 압박하려고 한다. 어떻게 우리의 영이 원수의 압박을 끊고 담대히 일어나 하나님의 영광스러운 자유를 누릴 수 있을까? 답은 예배에 있다. 우리가 가장 높으신 하나님을 예배할 때 우리의 영이 하나님을 향해 일어나 성령님의 자유로운 흐름에 동참한다. 예배할 때 원수의 멍에를 부수는 기름 부음이 풀어지며 원수의 멍에가 부서질 때 우리의 영이 가벼워지고 자유로워진다.

그 뒤에 내가 보니 하늘에 문이 하나 열려 있었습니다. 그리고 전에 내가 들은 그 음성, 곧 나팔 소리와 같이 나에게 들린 그 음성이 이리로 올라오너라. 이 뒤에 일어나야 할 일들을 너에게 보여 주겠다하고 말했습니다. (계 4:1)

우리의 영이 예배 안에서 더 높이 일어나도록 하라. 우리의 영이 하나님 안에서 일어날 수 있는 높이가 바로 우리의 자유와 믿음, 비전과 예언적 흐름, 계시와 통찰의 수준이다.

레바논에서 오너라 신부야! 레바논에서 오너라 어서 오너라. 아마나 꼭대기에서 스닐과 헤르몬 꼭대기에서 사자들이 사는 굴에서 표범들이 사는 언덕에서 내려오너라. (아 4:8)

"
**예배할 때 원수의 멍에를 부수는
기름 부음이 풀어지며 원수의 멍에가 부서질 때
우리의 영이 가벼워지고 자유로워진다.**
"

21장 영광스러운 자유

22

기름 부어진 음악
ANOINTED MUSIC

> 그리하여 하나님이 보내신 악한 영이 사울에게 이르면 다윗이 수금을 들고 와서 손으로 탔고 그 때마다 사울에게 이른 악한 영이 떠났고 사울은 제정신이 들었다. (삼상 16:23)

음악은 다양한 감정을 표현하는 우주 공통의 언어다. 음악은 감정뿐만 아니라 영적인 능력도 전달한다. 다윗은 기름 부은 음악과 예배의 영적인 역동성을 알았으며 기름 부은 음악이 사울 왕의 감정과 육체와 영에 강력한 영향을 끼쳤던 것을 수차례 목격했다.

하나님은 기름 부은 음악과 노래를 사용하셔서 우리의 영적 주파수를 성령님께 맞추신다. 기름 부은 음악과 노래는 우리의 영을 자극해서 우리 안에 더 큰 영적인 민감함과 자각이 일어나게 하며 우리의 창조력이 깨어나게 한다. 하나님은 기름 부은 음악과 노래로 우리의 영혼을 만지실 뿐 아니라 예언적인 흐름과 영적인 조화를 가르쳐 주신다.

음악은 사람의 목소리와 악기의 소리를 다양한 방법으로 조합해서 다양하게 표현하기 때문에 음악의 무한한 속성은 하나님의 무한한 본성을 가장 잘 표현한다. 하나님의 무한한 본성의 어떤 부분은 음악을 통해 더 정확하게 이해하기도 한다.

하나님은 음악과 노래를 사용하셔서 신적인 본성을 계시하신다. 아름다움과 사랑, 영광과 위엄, 거룩함과 인자함, 능력 같은 하나님의 무한한 본성의 특정한 부분을 선율로 전달하는 음악을 통해서 표현한다. 음악은 단어가 가지는 표현의 한계를 뛰어넘어 하나님의 장엄하심을 전달하고 표현하는 좋은 도구다.

정리하면, 아름답고 영광스러운 음악을 통해서 무한한 하나님의 본성을 이해하는 것과 하나님을 경험하는 것이 가능하다.

"
**하나님은 기름 부은 음악과 노래를 사용하셔서
우리의 영적 주파수를 성령님께 맞추신다.**
"

22장 기름 부어진 음악

23

마음의 준비
HEART PREPARATION

그 무엇보다도 너는 네 마음을 지켜라. 그 마음이 바로 생명의 근원이기 때문이다. (잠 4:23)

예언적 예배의 흐름에 참여하고 싶다면 부지런히 마음을 준비해야 한다. 구약 시대의 대제사장은 지성소에서 여호와를 섬기기 위해 철저하게 준비했다. 이처럼 우리도 예배드리기 전에 마음을 하나님의 말씀과 기도로 준비할 필요가 있다.

예배드리기 전에 마음을 준비하는 것이 매우 중요하다. 필요하다면 영혼을 차분하게 만들기 위해 예배 처소에 더 일찍 와야 할 수도 있다. 하지만 우리에게 가장 필요한 것은 하나님의 만지심을 받는 것, 즉 성령님의 기름 부음을 경험하는 것이다.

3 누가 주님의 산에 오를 수 있으며 누가 그 거룩한 곳에 들어설 수 있느냐? 4 깨끗한 손과 해맑은 마음을 가진 사람 헛된 우상에게 마음이 팔리지 않고 거짓 맹세를 하지 않는 사람이다. 5 그런 사람은 주님께서 주시는 복을 받고 그를 구원하시는 하나님께로부터 의롭다고 인정받을 사람이다.

(시 24:3-5)

예언적 예배는 성령님께서 인도하시는 예배다. 예언적 예배로 하나님 앞에 나아가려면 성령님과 친밀한 관계를 유지해야 하며, 성령님의 인도를 받으려면 우리의 영적 주파수를 성령님께 맞추어야 한다. 우리의 내면에 귀 기울여 보자. 창조적인 성령님은 모든 예배마다 독특한 흐름으로 우리를 인도하신다. 성령님의 인도하심과 지휘를 따라갈 때 우리 삶에 하나님의 임재를 통한 성장과 성숙의 축복이 임한다.

이제 당신들은 마음과 정성을 다하여 주 당신들의 하나님을 찾고 일어나서 주 하나님의 성전을 건축하십시오. 그래서 주님의 언약궤와 하나님의 거룩한 기구들을 옮겨 와서 주님의 이름을 위하여 건축한 성전에 들여 놓도록 하십시오. (대상 22:19)

24

영적인 돌파
BREAKING FORTH

> 너희 예루살렘의 황폐한 곳들아 함성을 터뜨려라. 함께 기뻐 외쳐라. 주님께서 당신의 백성을 위로하셨고 예루살렘을 속량하셨다. (사 52:9)

당신의 삶에 영적인 돌파를 원한다면 변화가 필요하다. 슬픔 속에 주저앉아 있지 말고 자원하는 마음으로 일어나 주님 앞에서 노래하고 춤추며 찬양하고 기도하면서 예배하기 시작하라. 주님 앞에서 우리의 목소리를 외치고 감정을 표현하는 것은 영적인 돌파가 일어나도록 돕는다. 돌파의 법칙을 알았던 시편 저자 다윗은 자기 영혼에 이렇게 선포했다.

1 내 영혼아 주님을 찬송하여라. 마음을 다하여 그 거룩하신 이름을 찬송하여라. 2 내 영혼아 주님을 찬송하여라. 주님이 베푸신 모든 은혜를 잊지 말아라. (시 103:1-2)

우리도 때때로 다윗 왕처럼 우리 영혼에 선포해야 할 때가 있다. "나는 여호와를 송축할 것이다! 주님을 찬양할 것이다! 나는 노래할 것이다! 나는 예배할 것이다! 주님 앞에서 춤출 것이다!" 무엇을 선택할지는 우리 자신에게 달려있으며 우리가 결정한다. 어떤 상황에서도 자발적으로 하나님을 찬양하고 예배하기로 결정했다면 우리는 더 이상 수동적 관람자가 아닌 적극적 참여자다.

나는 20년 이상 사역하면서 예배에 적극적으로 참여하지 않는 회중의 대부분이 영적으로 쇠약하다는 사실을 깨달았다. 이런 회중은 큰소리로 찬양하는 것을 싫어하고 영으로 기도하는 것을 거부한다. 기도하고 찬양하지 않는 능력 없는 그리스도인들은 원수에게 눌리기 때문에 원수와의 싸움에서 쉽게 패배한다.

기억하라, 원수는 우리가 노래하지 않고, 예배하지 않기를 원한다. 왜 그럴까? 원수는 우리가 예배하고 노래하고 찬양하고 기도하는 것이 원수들을 잠잠하게 만들기 때문이다. 우리가 예배하고 노래하며 찬양하고 기도할 때 참소자의 입이 잠잠해진다. 그러나 우리가 잠잠해지면 원수가 흥왕 한다.

어린이와 젖먹이들까지도 그 입술로 주님의 위엄을 찬양합니다. 주님께서는 원수와 복수하는 무리를 꺾으시고 주님께 맞서는 자들을 막아 벌 튼튼한 요새를 세우셨습니다. (시 8:2)

어떤 상황에서도 찬양하고 예배하면 우리는 빛으로 흑암을, 생명으로 죽음을, 자유로 속박을, 찬양과 예배로 억압하는 침묵을 적극적으로 대적한다. 이제 내가 앞에서 무엇을 시작하려고 결정할 때 돌파가 임한다고 했는지 이해되는가? 움직여라! 실천하라!

"
**우리가 예배하고 노래하며 찬양하고
기도할 때 참소자의 입이 잠잠해질 것이다.
주님 앞에서 우리의 목소리를 외치고
감정을 표현하는 것이 영적인 돌파가
일어나도록 돕는다.**
"

25

입의 능력
THE POWER OF FHE MOUTH

그의 입에서 날카로운 칼이 나오는데 그는 그것으로 모든 민족을 치실 것입니다. 그는 친히 쇠지팡이를 가지고 모든 민족을 다스리실 것이요, 전능하신 하나님의 맹렬하신 진노의 포도주 틀을 밟으실 것입니다. (계 19:15)

계시록에서 예수님은 어떻게 싸우셨는지 기억하는가? 우리는 백마를 타신 예수님께서 손에 성령의 검을 들고 있는 성화를 많이 봤다. 하지만 예수님은 손에 든 검이 아닌 입에서 나오는 검으로 원수들과 싸우셨다. 마치 입은 영적인 미사일 발사대와 같다. 에베소서 6장에서 사도 바울은 영적 전쟁을 알려 준다. 에베소서 6장에 언급한 공격 무기는 성령의 검, 하나님의 말씀이다. 성령의 검을 어떻게 사용하는가? 입으로 하나님의 말씀을 선포해서 성령의 검을 사용한다. 마귀는 거짓말하고 속이며 중상하고 비난하며 악을 퍼트리는 일에 자기 입을 사용한다.

> 그 짐승은, 큰소리를 치며 하나님을 모독하는 말을 하는 입을 받고 마흔두 달 동안 활동할 권세를 받았습니다. (계 13:5)

그러나 성도들의 입은 축복하고 중보하며 예배로 생명을 풀어놓는다. 이제 "용사의 언어 WARRIOR TONGUE"를 배워라. 성령님 안에서 담대하고 능력 있게 공격적인 기도를 시작하라. 강력한 기도는 원수의 능력을 파하며 돌파를 일으킨다.

원수는 기름 부은 소리를 두려워한다. 승리의 기쁨으로 충만한 찬양과 예배는 악한 영의 영향력을 파쇄하고 천국의 자리를 잃고 쫓겨난 원수들에게 남겨진 최후의 심판을 기억하게 한다. 우리가 하나님을 예배하고 찬양할 때 원수들이 도망친다!

> 6 성도들의 입에는 하나님께 드릴 찬양이 가득하고 그 손에는 두 날을 가진 칼이 들려 있어 7 뭇 나라에게 복수하고 뭇 민족을 철저히 심판한다. 8 그들의 왕들을 족쇄로 채우고 고관들을 쇠사슬로 묶어서 9 기록된 판결문대로 처형할 것이니 이 영광은 모든 성도들의 것이다. 할렐루야. (시 149:6-9)

영적인 승리와 패배, 돌파가 우리 입에 달려있다. 원수를 향해 잠잠하지 말라. 성경에서 잠잠함은 종종 억압과 죽음과 심판을 의미한다. 성령님께서 우리에게 들려주시는 것을 부지런히 외치고 노래하며 큰 소리로 기도하고 선포하라. 우리가 입을 주님께 내어 드릴 때 영적인 축복과 생명과 능력을 풀어놓는 통로가 된다.

> 가난한 사람들을 공의로 재판하고 세상에서 억눌린 사람들을 바르게 논죄한다. 그가 하는 말은 몽둥이가 되어 잔인한 자를 치고 그가 버리는 선고는 사악한 자를 사형에 처한다. (사 11:4)

> 모두 하나님의 입김에 쓸려 가고, 그의 콧김에 날려 갈 것들이다. (욥 4:9)

> 또 오른손에는 일곱 별을 쥐고 입에서는 날카로운 양날 칼이 나오고 얼굴은 해가 강렬하게 비치는 것과 같았습니다. (계 1:16)

> 그러니 회개하여라. 만일 회개하지 않으면 내가 속히 너에게로 가서 내 입에서 나오는 칼을 가지고 그들과 싸우겠다. (계 2:16)

> 그 말들의 힘은 입과 꼬리에 있는데 꼬리는 뱀과 같고, 또 꼬리에 머리가 달려 있어서 그 머리로 사람을 해쳤습니다. (계 9:19)

그들을 해하려고 하는 사람이 있으면 그들의 입에서 불이 나와서 그 원수들을 삼켜 버릴 것입니다. 그들을 해하려고 하는 사람은 누구나 이와 같이 죽임을 당하고 말 것입니다. (계 11:5)

그 뱀은 그 여자의 등 뒤에다가 입에서 물을 강물과 같이 토해 내서 강물로 그 여자를 휩쓸어 버리려고 했습니다. (계 12:15)

나는 또 용의 입과 짐승의 입과 거짓 예언자의 입에서 개구리와 같이 생긴 더러운 영 셋이 나오는 것을 보았습니다. (계 16:13)

그리고 남은 자들은 말 타신 분의 입에서 나오는 칼에 맞아 죽었고 모든 새가 그들의 살점을 배부르게 먹었습니다. (계 19:21)

성경은 죽고 사는 것이 혀에 달려 있다고 증거한다.

죽고 사는 것이 혀의 힘에 달렸으니 혀를 잘 쓰는 사람은 그 열매를 먹는다. (잠 18:21)

26

영적 전쟁
SPIRITUAL WARFARE

싸움에 쓰는 우리의 무기는 육체의 무기가 아니라 하나님 앞에서 견고한 요새라도 무너뜨리는 강력한 무기입니다. 우리는 궤변을 무찌르고 (고후 10:4)

나는 또 하늘이 열려 있는 것을 보았습니다. 거기에 흰 말이 있었는데 신실하신 분, 참되신 분이라는 이름을 가지신 분이 그 위에 타고 계셨습니다. 그는 의로 심판하시고 싸우시는 분입니다. (계 19:11)

계시록은 하늘과 땅의 큰 전투를 기록한 전쟁의 책이다. 계시록은 예수님을 죽임당하신 어린양과 승리의 왕이신 유다의 사자라고 묘사한다. 예배자들은 사단을 위협하는 좋은 영적 용사들이다. 하나님께서 전 세계에 기름 부은 예언적인 중보의 용사와 예배 용사의 군대를 일으키시는데, 이들은 이 땅에 하나님의 영광과 능력과 기름 부음이 풀어지는 것을 돕는다. 예언적 예배로 영적인 목적을 성취하는 기름 부음과 영적인 권세를 적용하고 사용하라.

현대전 MORDEN WAR에서 화살이나 창으로는 효과적인 전쟁을 수행할 수 없는 것처럼 영적 전쟁에서 원수의 견고한 진을 파하려면 개인적인 노력과 헌신이라는 총알이 아니라, 교회 차원의 연합된 기도와 금식, 찬양과 예배라는 영적인 미사일이 필요하다. 우리가 예언적 예배를 드릴 때 예언적인 음악과 기름 부은 소리로 하나님의 '레마의 말씀'을 발사한다.

기름 부은 예언적 예배는 흑암의 세력에 강력한 타격을 주고 악의 무리를 괴롭힌다. 원수는 자신을 공격하는 예언적 예배를 드리는 사역에 보복하기를 원한다. 그래서 많은 교회가 음악과 예배의 영역에서 어려운 문제를 경험한다. 음악과 예배의 영역은 교회와 목회자에게 가장 큰 문제를 제공하는 영역이다.

시편가, 예배인도자, 예배자들은 항상 영적으로 깨어 있으며 주의를 기울여 파수해야 하며 이들이 하나님의 전신 갑주를 입고 영적인 보호 SPIRITUAL COVERING 아래 있지 않으면 원수들의 교묘한 공격에 상처 입고 영적 전쟁의 부상자가 될 수 있다.

루시퍼는 음악적인 재능으로 기름 부음 받은 천상의 예배인도자였지만 결국 타락했다. 많은 성서학자가 루시퍼의 영향으로 천사의 삼 분의 일이 함께 타락하고 천국에서 추방당했다고 생각한다. 교만과 반란, 분열은 가장 위험한 영역이다. 아래 성경 말씀은 우리에게 반역하며 불순종 속에 사는 사람들에게 역사하는 사단의 세력이 무엇인지 알려준다.

> 그 때에 여러분은 허물과 죄 가운데서 이 세상의 풍조를 따라 살고 공중의 권세를 잡은 통치자 곧 지금 불순종의 자식들 가운데서 작용하는 영을 따라 살았습니다. (엡 2:2)

"
**기름 부은 예언적 예배는 흑암의 세력에
강력한 타격을 주고 악의 무리를 괴롭힌다.
예언적 예배 안에서 영적인 목적을 성취하는
기름 부음과 영적인 권세를 적용하고 사용하라.**
"

27

영적 전쟁과 음악

MUSIC IN SPIRITUAL WARFARE

4 제사장 일곱 명을 숫양 뿔 나팔 일곱 개를 들고 궤 앞에서 걷게 하여라. 이레째 되는 날에 너희는 제사장들이 나팔을 부는 동안 성을 일곱 번 돌아라. 5 제사장들이 숫양 뿔 나팔을 한 번 길게 불면 백성은 그 나팔 소리를 듣고 모두 큰 함성을 질러라. 그러면 성벽이 무너져 버릴 것이다. 그 때에 백성은 일제히 진격하여라. (여호수아 6:4-5)

예배하는 교회에 예언적인 영적 전쟁 음악이 더욱 증가할 것이다. 어떤(혹은 대다수의) 성도들이 영적 전쟁 음악에 익숙하지 않기 때문에 불편하게 느낄 수도 있다. 그러나 예언적인 영적 전쟁 음악은 마지막 때 교회에 성령님께서 새롭게 일으키시는 영역이다.

기름 부은 예언적인 전쟁 음악은 마지막 때의 영적 전쟁에서 강력한 무기가 될 것이다. 종종 예언적인 예배 도중에 성령님께서 시편가들과 예배자들을 격렬한 영적 전쟁으로 이끄셔서 예언적으로 전쟁 곡을 연주할 때가 있다. 퍼커션PERCUSSION과 브라스BRASS는 전쟁 음악에 적합한 악기로 강함과 힘, 권세를 회중에 전달한다. 기름 부음 받은 삼손이 평범한 나귀 턱뼈를 손에 들고 강력한 무기로 사용한 것처럼 기름 부음을 통해 모든 음악이 강력한 영적인 무기가 된다.

> 주님께서 그들을 치시려고 예비하신 그 몽둥이를 그들에게 휘두르실 때에 주님의 백성은 소구 소리와 수금 소리로 장단을 맞출 것이니 주님께서 친히 앗시리아 사람들과 싸우실 것이다. (사 30:32)

예배의 도구인 탬버린도 영적 전쟁 무기다. 댄서들이 드레스를 입고 다 함께 탬버린을 치는 것은 은혜 안에 예배하며 권세 있게 전쟁하는 용맹스러운 신부WARRIOR BRIDE의 아름다운 모습을 잘 보여준다. 겉으로 보기에는 단순한 행동을 계속 반복하는 것 같지만 기름 부음에서 나오는 행동은 강력한 예언적인 법령ENACTMENTS을 공표DECLARATIONS하는 것이다. 탬버린 같은 단순한 악기도 기름 부음 받은 사람의 손에 들려졌을 때 영적인 저항 세력을 돌파하는 강력한 무기가 된다.

지금 하나님은 교회에 시편가의 사역을 회복하시는 중이다. 기름 부은 시편가는 마지막 때의 영적 전쟁에서 아주 중요한 역할을 감당한다. 그들의 사역을 인정하고 받아들이는 교회는 풍성한 축복을 누릴 것이다.

시편가의 사역이 회복되면 기름 부은 예배 음반이 급증할 것이다. 나는 지금 성령님께서 예배 음반과 음원 제작을 독려하신다고 느낀다. 예배 음반은 그 음반을 듣는 사람들을 섬길 뿐 아니라 그 음반이 연주되는 장소의 분위기도 변화시킨다.

같은 설교 테이프를 반복해서 듣기는 쉽지 않지만 좋은 음반을 반복해서 듣는 것은 힘들지 않다. 음반의 장점은 듣는 사람에게 분명한 영향력을 지속해서 끼친다는 점이다. 새로운 예배의 세대, 새로운 예배인도자들, 새로운 시편가들이 일어나 기름 부은 예배 곡과 음반이 나오도록 기도하자!

"
기름 부음 받은 삼손이 평범한 나귀 턱뼈를 들고 강력한 무기로 사용한 것처럼 기름 부음을 통해 모든 음악이 강력한 영적인 무기가 된다.
"

28

예배 회복을 위한 전투
BATTLE FOR THE RESTORATION OF WORSHIP

이 후에 내가 돌아와서 다윗의 무너진 장막을 다시 지으며
또 그 허물어진 것을 다시 지어 일으키리니 (행 15:16, 개정)

마지막 때가 될수록 예배 회복을 위한 전투가 점점 더 치열해진다. 사단은 예배받고 싶어 하기 때문에 사람들이 하나님을 뜨겁게 예배하는 것을 아주 싫어하며 '다윗의 장막 THE TABERNACLE OF DAVID'과 '다윗적인 예배 DAVIDIC WORSHIP'가 회복되는 것을 악착같이 방해한다. 그러나 다윗의 장막을 다시 세우는 것은 사람의 의지가 아니라 하나님의 의지이기 때문에 사단의 훼방은 결국 실패할 것이다.

에스라가 성전을 재건하려고 하자 원수들의 저항과 반대에 부딪혔다. 후에 느헤미야가 예루살렘 성벽을 재건하려고 작정했을

때도 반대 세력의 강한 반대와 끈질긴 협박을 경험했다. 그러나 원수의 지속적인 괴롭힘과 훼방에도 느헤미야는 예루살렘 성벽과 성문을 재건했다. 성벽과 성문은 단지 안전만을 위한 것이 아니다. 성벽과 성문이 있었기 때문에 원수들이 예배를 방해할 수 없었다.

분명한 것은, 원수 사단은 도시에 하나님을 향한 예배가 회복되는 것을 보고 싶어 하지 않으며 악착같이 막으려 한다는 것이다. 원수의 방해에 굴복할 것인가 아니면 돌파할 것인가? 우리에게 선택권이 있다.

구약시대에 중요한 영적 부흥은 언제나 다윗적인 예배의 회복을 동반했다. 성경에 여호사밧 왕과 히스기야 왕, 요시야 왕 같은 선한 왕들이 통치했던 부분을 보면 개혁과 부흥은 언제나 예배의 회복과 함께 이루어졌다.

원수가 우리 예배를 방해하는 이유는 단순하다. 원수는 성도들의 삶으로 하나님께 드리는 예배가 멈추길 원하며 우리를 하나님에게서 멀리 떨어트려 하나님께서 주시는 부흥을 경험하지 못하게 하는 것이다. 그러나 교회와 성도의 삶에 다윗적인 예배, 예언적인 예배가 회복되면 또 다른 차원의 은혜가 부어질 것이다. 지금은 예배의 회복을 위해 싸워야 할 때다.

29

춤추는 예배자
THE DANCE

그리고 다윗은 모시로 만든 에봇만을 걸치고 주님 앞에서 온 힘을 다하여 힘차게 춤을 추었다. (삼하 6:14)

소고 치며 춤 추어 찬양하며 현악과 통소로 찬양할지어다.
(시 150:4, 개정)

다윗은 하나님 앞에서 전심을 다 해 춤추면서 자신의 모든 것으로 하나님을 찬양하고 예배하며 다양한 몸짓으로 마음껏 주님께 기쁨을 표현했다. 움직인다는 것은 살아있다는 표시이며 살아 있는 모든 것이 움직인다. 춤은 예배를 시각적으로 표현하는 강력한 소통의 도구다. 춤은 우리의 기쁨을 표현하는 가장 자연스러운 반응이라는 것을 생각해 보면 하나님을 기뻐하면서도 춤추지 않는 것은 사실 굉장히 힘들고 어려운 일이 아닐까? 주님 앞에 춤추는 것은 우리의 영, 혼, 육 모든 영역에 큰 유익이 있다.

한 번은 우리 교회에서 집회할 때 "쓰러질 때까지 춤춰 보자!"는 강사의 권면을 따라 전심을 다 해 찬양하며 춤추기 시작하자 회중 전체의 압박과 교만과 두려움이 깨졌고 새로운 기쁨과 자유를 경험했다. 사람의 영혼육은 서로 복잡하지만 긴밀하게 영향을 미친다. 신체적인 움직임은 감정을 표현할 뿐만 아니라 우리의 영도 풀어지게 한다. 우리는 영과 혼과 육을 모두 다 해 하나님을 예배해야 한다.

하나님은 종종 선지자의 예언적 행동으로 이스라엘에 말씀하셨다. 이스라엘은 메시지를 들을 뿐만 아니라 눈으로 보면서 그 의미를 이해하고 기억했다. 예를 들어, 에스겔 선지자는 상징적인 행동으로 예루살렘 성이 포위당할 것을 묘사했다.(겔 4장) 성령님의 기름 부음 아래에서 춤을 통해 예언적인 노래나 음악의 의미를 전달하기도 한다. 예언적인 노래의 의미를 듣거나 느낄 뿐 아니라 그 의미를 눈으로 볼 때, 회중에 부어진 기름 부음의 영향력이 증가 한다. 예언적인 음악가$^{PROPHETIC\ MUSICIANS}$와 노래하는 사람들^{SINGERS}과 춤추는 사람들^{DANCERS}이 공교하게 협력하여 사역할 때 강력한 영향력을 발휘한다.

춤은 구원받은 성도들의 생명과 해방과 자유를 나타낸다. 기름 부은 댄서는 춤을 통해 자유의 분위기를 만든다. 춤을 통해 자유와 기쁨을 풀어놓는 것이다. 기름 부음 아래에서 댄서들의 발에는 뱀과 전갈을 짓밟으며 원수의 능력을 제압하는 권세가 주어진다. 춤은 참으로 강력한 사역이다.

> 보아라, 내가 너희에게 뱀과 전갈을 밟고 원수의 모든 세력을 누를 권세를 주었으니 아무것도 너희를 해하지 못할 것이다.
> (눅 10:19)

> 37 나는 원수를 뒤쫓아가서 다 죽였으며, 그들을 전멸시키기까지 돌아서지 않았습니다. 38 그들이 나의 발 아래에 쓰러져서 다시는 일어서지 못하도록 그들을 내가 무찔렀습니다.
> (시 18:37-38)

30

성령님을 따르는 삶
STARVING THE FLESH AND STRENGTHENING THE SPIRIT

> 육체의 욕망은 성령을 거스르고 성령이 바라시는 것은 육체를 거스릅니다. 이 둘이 서로 적대관계에 있으므로 여러분은 자기가 원하는 일을 할 수 없게 됩니다. (갈 5:17)

육FLESH은 성령님을 대적한다. 아마도 우리가 이 땅에 사는 동안 육은 계속해서 성령님께 대항할 것이다. 육은 잘 토라지고 자아를 기쁘게 하며 자기 연민적이고 우울함에 잘 빠진다. 육은 영적인 것을 싫어하고 육감적인 것을 원하기 때문에 기도와 찬양, 춤추며 주 앞에 나아가는 것, 예배하는 것을 싫어한다. 물론 하나님의 말씀을 읽고 봉사하는 것도 당연히 싫어한다.

특히 육이 강한 사람은 육적인 본성^{CARNAL NATURAL}의 지배를 받는데, 이런 사람들은 기도와 예배에 집중하지 못한다. 육적인 본성의 지배를 받는 사람들은 하나님을 기쁘게 할 수 없다. 육을 극복하려면 성령님으로 충만해야 한다. 성령님은 거룩한 영이시며 중보와 찬양과 예배의 영이시다. 성령님의 갈망은 예수님께 영광을 돌리고 하나님의 것을 추구하는 것이다.

> 육신을 따라 사는 사람은 육신에 속한 것을 생각하나 성령을 따라 사는 사람은 성령에 속한 것을 생각합니다. (롬 8:5)

육은 우리를 죄와 사망으로 인도하지만, 성령님은 우리를 생명과 평안으로 인도하신다. 우리가 분명히 깨달아야 하는 것은 육과 성령님을 동시에 만족시킬 수 없다는 것이다. 그러므로 우리는 육신과 성령님 둘 중 누구의 뜻에 따르며 누구를 기쁘게 하는 삶을 살지 선택해야 한다. "나는 주님을 찬양할 것입니다." 이것이 시편가의 결심이다. 우리가 하나님의 말씀을 읽고 기도하며 찬양하고 예배하며 하나님께 순종하기로 선택하면 우리의 영이 강건해지고 육은 꺾일 것이다. 영적인 활동을 많이 할수록 육의 지배에서 벗어난다. 더 기도하고 더 예배하라!

> 내가 여호와를 항상 송축함이여 내 입술로 항상 주를 찬양하리이다 (시 34:1, 개정)

30장 성령님을 따르는 삶

31

예배의 흐름을 유지하라
SUSTAINING THE WORSHIP FLOW

온 회중이 함께 예배를 드렸다. 번제를 다 드리기까지 노래하는 사람들은 노래를 부르고 나팔 부는 사람들은 나팔을 불었다. (대하 29:28)

지금은 완전한 돌파가 있을 때까지 예배의 흐름을 유지해야 할 때다. 우리는 영적으로 '번제가 완전히 소멸한' 것을 느낄 때까지 인내로 예배하며 꾸준히 밀고 나가야 한다. 오늘날 하나님께 드리는 산 제물은 양이나 황소가 아니라 우리의 입술로 드리는 감사와 기도와 찬양과 예배다. 우리는 돌파가 감지될 때까지, 하나님의 뜻이 완전히 풀어질 때까지, 그 공간이 하나님의 임재와 기름 부으심으로 가득 찰 때까지 기도와 찬양과 예배를 유지해야 한다.

계속해서 예배하는 것 즉, 예배의 흐름을 계속 유지하는 것은 더 풍성한 기름 부음을 주며 우리가 주님 안에서 영적으로 완전히 자유로워지도록 한다. 최소한 10분에서 20분 혹은 그 이상 예배의 흐름을 따라가면서 유지하면 장소 전체의 영적 분위기를 변화시킨다. 악한 영들은 주님의 영광과 임재로 가득 찬 곳에 머무를 수 없다. 하나님의 임재와 기름 부음이 임할 때 원수는 도망칠 것이다!

> 1 하나님이 일어나실 때에, 하나님의 원수들이 흩어지고, 하나님을 미워하는 자들은 하나님 앞에서 도망칠 것이다. 2 연기가 날려 가듯이 하나님이 그들을 날리시고, 불 앞에서 초가 녹듯이 하나님 앞에서 악인들이 녹는다. (시 68:1-2)

영적인 끈기와 기름 부음으로 예배의 흐름을 유지하는 예배자들이 있는 교회는 이런 은혜를 경험한다.

a. 강력한 예배
b. 더 큰 영적인 돌파 BREAKTHROUGH
c. 더 강력한 하나님의 임재의 나타남 MANIFESTATION
d. 더 빈번한 성령님의 은사의 나타남과 역사함 OPERATIONS
e. 더 많은 천사의 방문과 활동
f. 더 수월한 말씀 사역

32

예배와 중보의 상승효과
SYNERGISING - THE HARP AND THE GOLDEN BOWL

그가 그 두루마리를 받아 들었을 때에, 네 생물과 스물네 장로가 각각 거문고^{HARP}와 향이 가득히 담긴 금 대접^{GOLDEN BOWLS}을 가지고 어린양 앞에 엎드렸습니다. 그 향^{INCENSE}은 곧 성도들의 기도^{PRAYERS OF THE SAINTS}입니다. (계 5:8)

계시록 5:8에 나오는 거문고는 음악과 예배를, 금대접은 기도와 중보를 의미한다. 때때로 기도가 힘겹게 느껴질 때가 있다. 하지만 감사와 찬양과 예배와 음악이 기도와 함께 어우러지면 중보 기도가 훨씬 쉬워진다. 음악과 예배를 통해 더 적은 노력으로, 더 쉽게 예언적인 흐름을 일으켜서 예배와 중보의 흐름이 형성되면 중보 기도가 힘든 일이 아니라 즐겁고 행복한 시간이 된다.

내가 섬기는 교회의 중보 기도 모임에서는 다양한 악기와 음악을 사용한다. 예배하고, 중보하고, 영적 전쟁을 치르는 동안 음악이 빠지지 않는다. 음악의 상승작용으로 우리의 중보 모임은 더 강력해졌고 더 많은 영적인 자유와 응답이 있었다.

> 34 주님께서 모세에게 말씀하셨다. 너는 향품들 곧 소합향과 나감향과 풍자향을 구하여 그 향품들을 순수한 유향과 섞되 저마다 같은 분량으로 하여라. 35 너는 향을 제조하는 법을 따라서 잘 섞은 다음에 소금을 쳐서 깨끗하고 거룩하게 하여라. 36 너는 그 가운데서 일부를 곱게 빻아서 내가 너와 만날 회막 안 증거궤 앞에 놓아라. 이것은 너희에게 가장 거룩한 것이다. (출 30:34-36)

기도와 중보, 찬양과 예배와 음악이 잘 어우러져 상승효과를 일으킬 때 더 강력한 기름 부음과 능력이 풀어지고 풍성한 축복이 임한다.

33

예언적 예배와 악기
MUSICAL INSTRUMENTS AND PROPHETIC WORSHIP

3 나팔 소리를 울리면서 주님을 찬양하고, 거문고와 수금을 타면서 주님을 찬양하여라. 4 소구 치며 춤추면서 주님을 찬양하고, 현금을 뜯고 피리 불면서 주님을 찬양하여라. 5 오묘한 소리 나는 제금을 치면서 주님을 찬양하고, 큰소리 나는 제금을 치면서 주님을 찬양하여라. 6 숨쉬는 사람마다 주님을 찬양하여라. 할렐루야. (시편 150:3-6)

시편 150편은 다양한 악기로 하나님을 찬양하라고 명령한다. 악기는 독특한 소리로 우리 영혼에 다양한 느낌과 반응을 일으킨다. 하나님께서 다양한 것을 좋아하시는 것은 하나님께서 지으신 창조물을 보면 확실히 알 수 있다. 만일 이 세상에 다양한 색과 특성이 없어진다면 너무나 지루할 것이다. 음악과 악기도 똑같다. 다양성 없는 음악은 지루하고 표현의 자유와 창조성도 줄어든다. 다윗 왕은 악기의 독특한 진가를 알고 그것을 즐길 수 있는 기름 부은 음악가였으며 직접 악기를 만들기도 했다.

> 사천 명은 문지기이고 나머지 사천 명은 다윗이 찬양하는 데 쓰려고 만든 악기로 주님을 찬양하는 사람이다. (대상 23:5)

우리는 사람의 목소리가 가진 신체적인 한계를 악기로 뛰어넘어 찬양과 예배를 더 다양하고 폭넓게 표현한다. 악기는 찬양과 예배와 기도의 시간을 더 향기롭고 특색 있으며 아름답고 흥미로우며 감격스럽고 창조적으로 만든다. 어떤 악기는 특정한 감정이나 분위기를 표현하고 연출하는데 적당하다. 적절한 악기의 선택은 음악적인 연출과 표현을 돕고 음악의 질을 높인다.

> 또 그들과 함께 헤만과 여두둔은 나팔을 불고 심벌즈를 치며 하나님을 찬양하는 악기를 우렁차게 연주하도록 했다. 그리고 여두둔의 아들은 문지기로 세웠다. (대상 16:42)

예언적인 예배에서 악기는 큰 역할을 감당한다. 악기가 성령님의 기름 부음을 받으면 강력한 영적 무기가 되며 예언적인 흐름을 일으킬 뿐 아니라 그 흐름을 강화하고 창의력을 일으키며 예언적인 통찰PROPHETIC CONSCIOUSNESS을 극대화한다. 구약에 기록된 선지자들의 활동에서 악기는 중요한 역할을 했다. 앞선 장에서 사울이 선지자의 무리를 만났을 때 예언했다고 설명했다.

> 그런 다음에 그대는 하나님의 산으로 가십시오. 그 곳에는 블레셋 수비대가 있습니다. 그 곳을 지나 성읍으로 들어갈 때에 거문고를 뜯고 소구를 치고 피리를 불고 수금을 뜯으면서 예배 처소에서 내려오는 예언자의 무리를 만날 것입니다. 그들은 모두 춤을 추고 소리를 지르면서 예언을 하고 있을 것입니다. (삼상 10:5)

> 다윗과 군대 지도자들은 아삽과 헤만과 여두둔의 자손들을 뽑아 세워 수금과 거문고와 심벌즈로 신령한 노래MINISTRY OF PROPHESYING를 부르는 직무를 맡겼다. 이 직무를 맡은 사람의 수는 다음과 같다. (대상 25:1)

내가 섬기는 교회에서는 악기와 예배 사역에 많은 투자를 한다. 악기와 예배 사역이 교회에 미치는 영향을 보면, 악기와 음악을 위한 투자는 절대 낭비가 아니다. 교회의 예배가 중요하다고 생각한다면, 예배자를 훈련하고 예배를 표현할 악기와 음악에 투자해야 한다.

34

하나님을 즐거워 하라

ENJOYING GOD

주께서 생명의 길을 내게 보이시리니 주의 앞에는 충만한 기쁨이 있고 주의 오른쪽에는 영원한 즐거움이 있나이다.
(시 16:11, 개정)

시편은 기도하고 예배하는 법을, 잠언은 지혜로워지는 법을, 아가서는 사랑하는 법을, 전도서는 즐기면서 사는 법을 알려 준다. 웨스트민스터 교리 문답에 "사람의 최고의 목적은 하나님을 알고 하나님을 영원히 즐거워하는 것이다. MAN'S CHIEF AIM IS TO KNOW GOD AND TO ENJOY HIM FOREVER"라고 기록한다. 이 의미심장한 선언은 모든 신자의 삶에 최고의 목적이 하나님을 즐거워하는 것임을 알려준다.

> 그대는 이 세상의 부자들에게 명령하여, 교만해지지도 말고,
> 덧없는 재물에 소망을 두지도 말고, 오직 우리에게 모든 것
> 을 풍성히 주셔서 즐기게 하시는 하나님께 소망을 두라고 하
> 십시오. (딤전 6:17)

디모데전서 6:17은 우리에게 모든 것을 풍성히 주시고 즐기게 하시는 하나님께 소망을 두라고 이야기한다. 그렇다. 하나님은 우리가 하나님을 즐거워하면서 삶을 즐겁게 살기 원하시지만, 사단은 우리가 불행하기를 원한다. 전도서 3:13과 5:19은 삶에서 무언가를 즐길 수 있는 특권이 하나님께서 우리에게 주신 놀라운 선물이라고 이야기한다.

> 사람이 먹을 수 있고 마실 수 있고 하는 일에 만족을 누릴 수
> 있다면 이것이야말로 하나님이 주신 은총이다. (전 3:13)

> 하나님이 사람에게 부와 재산을 주셔서 누리게 하시며 정해
> 진 몫을 받게 하시며 수고함으로써 즐거워하게 하신 것이니
> 이 모두가 하나님이 사람에게 주신 선물이다. (전 5:19)

전도서 5:18은 우리의 권리와 몫을 누리라고 이야기한다.

> 그렇다. 우리의 한평생이 짧고 덧없는 것이지만 하나님이 우

리에게 허락하신 것이니 세상에서 애쓰고 수고하여 얻은 것으로 먹고 마시고 즐거워하는 것이 마땅한 일이요 좋은 일임을 내가 깨달았다! 이것은 곧 사람이 받은 몫이다. (전 5:18)

삶을 즐기는 법을 배워라! 하나님의 임재를 즐겨라. 하나님의 사랑, 하나님의 축복 등 하나님의 모든 것을 즐기는 것이 우리의 권리다. 하나님도 우리를 즐거워하신다! 하나님께서 우리 안에 미적인 감각과 미각과 후각을 주신 것은 아름다운 것을 감상하고 맛있는 것을 즐기며 향기를 맡도록 우리를 창조하셨기 때문이다.

'즐기다$^{EN-JOY}$' 라는 단어는 '기쁨^{JOY}' 이라는 단어에서 나왔다. 기쁨은 우리 삶에 비타민처럼 건강과 힘을 준다. 기쁨은 갈라디아서 5:22에 나오는 성령님의 열매 중 하나다. 우리는 정신과 감정의 건강뿐만 아니라 영적인 건강을 위해서 삶의 좋은 것을 즐기는 법을 배워야 한다. 우리가 삶에서 즐기는 것이 항상 호화스러워야만 하는 것은 아니며 일상에서 마주치는 자연의 풍경과 맛있는 음식, 사랑하는 사람들과 즐거운 교제, 신나고 아름다운 음악과 예배처럼 단순한 것이 우리에게 기쁨을 준다.

루시퍼는 원래 하나님의 거룩한 산에 거하면서(겔 28:14) 하나님의 임재와 영광을 가장 가까이에서 즐기는 축복된 자리에 있었다. 그러나 루시퍼는 하나님을 즐거워하는 것에 만족하지 못하고 하나님의 자리를 탐내어 많은 천사를 꼬드겨 하나님을 대적하고 반란을 일으켰지만 실패하고 천국에서 쫓겨났다. 루시퍼와 타락한 천사들은 천국의 축복과 기쁨을 잃어버렸고 하나님의 임재를 누리지 못한다. 가장 중요한 것을 영원히 잃어버린 것이다. 그래서 사단은 우리가 하나님을 즐거워하는 것을 싫어하고 시기한다.

우리가 하나님과의 관계를 즐기는 것은 사단을 비참하게 만든다. 우리가 하나님을 즐거워하면 사단은 자신이 잃어버린 영원한 즐거움을 떠올릴 수밖에 없기 때문이다. 그래서 사단은 놀라우신 하나님과의 관계에서 오는 즐거움을 숨기고 왜곡하려고 노력한다.

하나님을 즐거워하라! 임재의 빛안에 거하라. 하나님의 사랑에 푹 빠져라. 하나님의 기름 부음을 기뻐하라. 그리고 하나님의 영광을 맛보라. 하나님의 선하심과 공급하심의 풍성함을 마음껏 즐겨라. 성령님께서 주시는 감동과 그분의 손으로 하신 아름다운 일들을 묵상하고 감탄하라. 천사들의 사역과 예배의 달콤한 시간을 즐기라. 하나님을 즐거워하는 법을 더 배우라.

35

예배 환경의 중요성
THE ENVIRONMENT

> 내 아버지의 집에는 있을 곳이 많다. 그렇지 않다면 내가 너희가 있을 곳을 마련하러 간다고 너희에게 말했겠느냐? 나는 너희가 있을 곳을 마련하러 간다. (요 14:2)

많은 고대 교회ANCIENT CHURCH가 예배하는데 적합한 처소였다. 고대 교회에는 마이크와 앰프, 스피커 같은 현대 음향 장비가 없었기 때문에 자연적인 음향효과를 고려하여 예배당을 건축해야 했으며 고대교회 시절의 건축가들은 돔 형식을 충분히 활용하고 벽과 바닥에는 두꺼운 화강암이나 대리석을 사용했다.

고대 교회는 둥근 천장과 평평하고 단단한 표면을 가진 벽과 바닥이 소리를 잘 반사하도록 조화를 이루었다. 이 건축학적 조화가 자연스러운 잔향을 일으켜서 목소리의 울림을 키운다. 내가 성지순례를 할 때, 고대 교회 예배 처소에서 흘러나오는 아름다운 합창 소리를 듣고 감동했었는데 그 합창 소리가 오직 두 명의 여성이 부르는 노래였다는 사실을 알고 깜짝 놀랐다. 내가 듣기에 그 소리는 합창단의 소리처럼 크고 웅장했기 때문이다.

두 여성이 부른 노래가 웅장하게 들린 이유는 8각형 모양의 실내 벽과 돔 형식의 천장이 풍부한 음량과 울림을 일으켰기 때문이었다. 나는 우리 교회팀과 함께 성지 순례 기간에 자연 음향 효과가 있는 고대 교회에서 예배할 때마다 멋진 순간을 누렸다.

왜 많은 사람이 하고많은 곳 중에서 특히 샤워실에서 흥얼거리며 노래하는 것을 좋아할까? 그 답은 좁은 샤워실의 반사음 때문이다. 샤워실은 소리를 잘 반사하는 평평한 타일로 둘러싸여서 목소리를 풍부하게 울려서 자기 목소리가 좋게 들리기 때문이다.

어떤 교회는 회중의 노랫소리가 무엇인가에 눌리거나 막힌 것처럼 먹먹하게 느껴지는데 그 이유는 예배 처소에 부드러운 쿠션이나 커튼, 두꺼운 카펫처럼 소리를 흡수하는 것이 많기 때문이다. 예배 장소의 다양한 흡음재는 회중의 소리를 감소시킨다. 회중이 크게 노래해도 자기 소리가 잘 안 들리기 때문에 결국 회중의 소리는 갈수록 줄어든다. 바로 이것이 예배에서 회중의 소리와 참여도를 떨어뜨리는 가장 큰 원인 중 하나다.[2]

내가 생각하는 가장 이상적인 예배 장소는 자연적인 잔향이 있는 곳이다. 그 이유는 잔향이 회중의 노랫소리를 증폭시켜서 자신감을 주고 적극적인 참여를 일으키기 때문이다. 적당한 잔향은 자기 목소리를 명확하고 부드럽게 들려주고 자신감을 북돋아서 노래를 편하게 부르도록 돕는다. 만일 예배 시간이 긴 편이라면 예배 처소 안에 산만한 요소를 최대한 줄여서 예배를 오래 해도 회중이 하나님께 집중하면서 하나님의 만지심을 경험하는 시간이 늘어나도록 도와야 한다.

> 1 [다윗의 시, 인도자를 따라 부르는 노래] 하늘이 하나님의 영광을 선포하고 궁창이 그의 손으로 하신 일을 나타내는도다 2 날은 날에게 말하고 밤은 밤에게 지식을 전하니 3 언어도 없고 말씀도 없으며 들리는 소리도 없으나 4 그의 소리가 온 땅에 통하고 그의 말씀이 세상 끝까지 이르도다 하나님이 해를 위하여 하늘에 장막을 베푸셨도다. (시 19:1-4, 개정)

---

2. 전통적인 한국 교회는 찬양과 경배보다 설교 중심이기 때문에 오히려 커튼이나 카펫, 흡음재를 추가로 설치해서 잔향을 감소시키는 경향이 많다.

36

아낌없는 예배

EXTRAVAGANT WORSHIP

> 그 때에 마리아가 매우 값진 순 나드 향유 한 근을 가져다가 예수의 발에 붓고 자기 머리털로 그 발을 닦았다. 온 집 안에 향유 냄새가 가득 찼다. (요 12:3)

예배는 마리아가 예수님께 부어드린 순전한 나드 향유의 향기와 같다. 마리아가 향유를 담은 옥합을 깨트렸을 때 그 향기가 온 방을 채우면서 방의 분위기를 완전히 변화시켰다. 향유의 향기가 주님을 축복할 뿐 아니라 그 방의 다른 사람들도 축복했다. 마찬가지로 우리가 주님을 예배할 때 성령님의 기름 부음이 흘러 그 장소의 분위기를 바꾸고 주위 사람들을 축복한다.

아낌없는 예배의 대표적인 예는 순전한 나드 향유를 예수님께 바친 마리아의 헌신이다. 우리가 주님께 아낌없는 예배를 드릴 때 우리의 예배가 향기처럼 퍼져 나가 다른 사람들을 축복한다. 주님께 우리의 찬양과 존경과 예배와 헌신을 아낌없이 넘치도록 드려라. 주님은 우리의 예배를 받으시기에 합당하시다.

> 그들은 큰 소리로 죽임을 당하신 어린양은 권세와 부와 지혜와 힘과 존귀와 영광과 찬양을 받으시기에 합당하십니다 하고 외치고 있었습니다. (계 5:12)

주님은 우리의 최고를 받으시기 합당하시다. 우리의 사랑을 아낌없이 주님께 드리면 주님도 우리에게 놀라운 사랑과 은혜와 기름 부음과 축복을 아낌없이 부어 주실 것이다.

> 남에게 주어라. 그리하면 하나님께서도 너희에게 주실 것이니 되를 누르고 흔들어서 넘치도록 후하게 되어서 너희 품에 안겨 주실 것이다. 너희가 되질하여 주는 그 되로 너희에게 도로 되어서 주실 것이다. (눅 6:38)

우리 교회는 자기의 물질을 아낌없이 드리는 신실한 성도들이 많이 있다. 이 신실한 성도들은 하나님의 집을 사랑하며 수입의 십 분의 일 이상을 십일조로 드린다. 그들이 주님께 아낌없이 예배드렸을 때 주님은 풍성한 축복으로 갚아 주셨다. 주님께 아낌없이 드린 성도들 대부분은 특별한 은총을 경험했다. 만약 우리가 하나님의 풍성한 축복을 받기 원하면 아낌없이, 넘치도록 하나님을 예배하라. 하나님은 넘치도록 받으시기 합당하시다!

"
**우리가 주님께 아낌없는 예배 드릴 때
우리의 예배가 향기처럼 퍼져 나가
다른 사람들을 축복한다.**

**주님께 우리의 찬양과 존경과
예배와 헌신을 아낌없이 넘치도록 드려라.
주님은 우리의 예배를 받으시기에 합당하시다.**
"

37

예배, 생활방식과 일상의 경험
WORSHIP - LIFESTYLE AND DAILY EXPERIENCE

> 8 이 백성이 입술로는 나를 공경해도 마음은 나에게서 멀리 떠나 있다. 9 그들은 사람의 훈계를 교리로 가르치며 나를 헛되이 예배한다. (마 15:8-9)

참된 예배는 주일 낮 예배에서 노래 몇 곡을 부르는 것이 아니다. 참된 예배는 탁월한 음악 솜씨^{SKILL}나 전문적인 기술^{TECHNIQUE}이 아니라 생활방식과 일상의 경험이며 하나님과 친밀하게 교제하는 삶에서 흘러나오는, 하나님의 임재를 향한 우리 영의 반응이다.

주님께 드리는 가장 위대한 예배는 귀에 들리는 소리나 음악적인 것이 아닐 수도 있으며 소리나 감정뿐만 아니라 의지도 포함한다. 하나님께 순종하고 하나님을 섬기며 다른 사람을 사랑으로 대하고 하나님의 이름을 영광스럽게 하는 것이 최고의 예배다.

좋은 예배는 좋은 예배자에게서 나온다. 능력 있고 기름 부음 있는 예배는 기름 부음 있는 예배자들을 통해서만 풀어진다. 우리가 예배할 때 형성되는 분위기는 우리의 마음과 영적인 상태에 따라 좌우된다.

> "
> **참된 예배는 탁월한 음악 솜씨나
> 전문적인 기술이 아니라 생활방식과
> 일상의 경험이며 하나님과 친밀하게 교제하는
> 삶에서 흘러나오는, 하나님의 임재를 향한
> 우리 영의 반응이다.**
> "

38

단체적인 기름 부음을 활용하라
HARNESSING RELEASING THE CORPORATE ANOINTING

목사 한 사람이 모든 것을 주도하는 원맨쇼 같은 예배를 드리는 교회에서 회중은 다루기 쉽고 유순하며 수동적인 성향이 된다. 이런 교회의 회중은 영적인 빈혈 증상에 걸릴 확률이 높다. 목사 한 사람이 모든 것을 주도하는 원맨쇼 같은 예배는 무대 위에 서 있는 목사 한 사람을 위한 공연일 뿐이다. 특별 강사가 찬양, 설교, 기도, 사역 모든 것을 혼자 하면 회중은 그저 받으면 된다.

이런 예배에 참석하는 회중의 목적은 오로지 받는 것에 있다. 이렇게 받기만 하는 사람들의 삶은 마치 계속해서 물을 받아 들지만, 점점 말라 가는 사해(DEAD SEA)와 같다. 신자들 개개인이 직접 하나님 예배하는 법을 배우지 못하면 영적으로 성숙하지 못한 채 오직 받기만 하는 연약한 방관자로 남을 가능성이 크다.

회중이 영적인 훈련 없이 예배의 용사로 건강하게 성장하는 것은 불가능하다. 영적인 훈련이 없으면 교회의 영적 분위기도 바뀌지 않는다. 목사 한 사람이 중심이 되는 교회의 회중은 영적 태만에 빠져 심지어는 성령님의 흐름과 역사에 방해가 되기도 한다.

성령님은 찬양과 예배를 통해 성도들을 활성화^{ACTIVATE} 하셔서 주님을 위한 예배의 용사로 세우신다. 회중 예배에서 노래하고 찬양하는 것은 각 개인이 적극적으로 예배에 참여하는 실제적이고 중요한 방법이다. 회중 각자가 하나님께 찬양과 기도와 예배를 올려 드릴 때, 교회 전체에 하나님의 생명의 강이 풀어진다. 회중의 적극적인 예배 참여는 단체적인 기름 부음에 절대적으로 중요하다. 단체적인 기름 부음이 풀어질 때 그 장소의 분위기가 변하고 새로운 일이 일어난다.

> "
> **회중 각자가 하나님께 찬양과 기도와
> 예배를 올려 드릴 때, 교회 전체에
> 하나님의 생명의 강이 풀어진다.**
> "

39

예배의 분위기를 조성하라

CREATING A WORSHIPFUL ATMOSPHERE

주 하나님이 동쪽에 있는 에덴에 동산을 일구시고 지으신 사
람을 거기에 두셨다. (창 2:8)

하나님께서 만드신 에덴동산은 즐겁고 아름다운 곳이었다. 나는 가끔 멋진 잔디밭과 다양한 색과 향기의 꽃이 가득하며 나무마다 먹음직한 과일이 열린 에덴동산을 상상하곤 한다. 에덴동산은 평화롭고 고요하며 향기로 가득했을 것이다. 하나님은 에덴동산을 아담과 하와가 마음껏 누리고 즐기면서 살도록 창조하셨을 뿐만 아니라 하나님과 교제하기에 알맞은 영적인 분위기로 조성하셨다. 하나님은 세심하시다.

우리도 사는 집을 편안한 환경으로 꾸민다. 밝고 부드러운 조명과 세련된 장식, 조화로운 가구의 배치는 편안한 환경과 분위기를 만드는 데 도움이 된다. 우리가 편하게 쉴 수 있는 특정한 환경과 분위기가 있듯이 하나님도 특별히 즐기시고 원하시는 영적인 환경과 분위기가 있다.

하나님께서 원하시는 영적인 환경과 분위기를 성막의 설계도를 통해 모세와 다윗 왕에게 알려 주시기도 했다. 기도와 찬양, 예배와 음악, 충만한 사랑은 하나님의 영이 거하시기 좋아하는 영적인 분위기를 조성하는 데 큰 도움을 준다. 우리는 성령님께서 자유롭게 운행하시고 영광을 나타내실 수 있도록 영적인 분위기를 준비해야 한다.

기름 부음과 하나님의 임재와 영광이 풍성한 분위기를 만들라. 악한 영들은 거룩한 분위기에 있을 수 없으며 악한 영들이 도망갈 때 자유와 축사와 치유와 기적이 일어난다. 영광이 임하는 분위기를 조성하는 것은 예배자의 마음과 영에서부터 시작된다.

우리는 하나님께서 거하시는 성령님의 집이다. 우리의 영에 성령님께서 거주하신다. 우리의 마음과 영의 내적인 환경과 분위기가 주님께서 기뻐하시는 것이 될 때, 주님께서 우리를 영원히 거하실 주님의 성소로 삼으실 것이다.

예수께서 그에게 대답하셨다. 누구든지 나를 사랑하는 사람은 내 말을 지킬 것이다. 그리하면 내 아버지께서 그 사람을 사랑하실 것이요 내 아버지와 나는 그 사람에게로 가서 그 사람과 함께 살 것이다. (요 14:23)

주님께서 우리 안에 거하시고 다스리실 때, 우리는 하나님의 임재를 운반하는 예배자가 되며 하나님의 영원한 임재와 기름 부음과 영광이 우리 안에서 흘러나와 주변의 영적인 분위기를 바꿀 것이다.

"
**우리는 성령님께서 자유롭게
운행하시고 영광을 나타내실 수 있도록
영적인 분위기를 준비해야 한다.**
"

40

선지자와 제사장과 왕
PROPHETS, PRIESTS AND KINGS

23 너는 아론과 그 아들들에게 말하여라. 그들이 이스라엘 자손에게 복을 빌 때에는 다음과 같이 빌라고 하여라. 24 주님께서 당신들에게 복을 주시고 당신들을 지켜 주시며 25 주님께서 당신들을 밝은 얼굴로 대하시고 당신들에게 은혜를 베푸시며 26 주님께서 당신들을 고이 보시어서 당신들에게 평화를 주시기를 빕니다. 27 그들이 나의 이름으로 이스라엘 자손에게 이렇게 축복하면 내가 친히 이스라엘 자손에게 복을 주겠다. (민 6:23-27)

성숙한 신자가 선지자와 제사장과 왕 같은 기름 부음으로 섬길 때, 엄청난 영적인 권능이 역사한다. 우리가 예언적인 기름 부음을 받아 예언적인 사람이 될 때, 예언의 능력을 풀어놓는다. 우리가 제사장의 기름 부음으로 주님의 제사장이 될 때, 우리는 하나님의 축복을 선포하는 능력을 받는다. 또 우리가 왕의 기름 부음으로 왕의 권세를 받으면 영적으로 명령하고 선포하는 능력이 임한다. 왕은 영적인 능력과 권세로 영적인 영역을 다스리고 통치한다.

당신의 삶에서 구원받은 신자가 누리는 기본적인 기름 부음의 수준에 만족하지 말라. 우리가 받아 누려야 할 새롭고 강력한 기름 부음이 우리를 기다린다. 이제 당신의 영혼을 깨워 일으켜 주님의 보혈을 의지하여 담대히 주님의 지성소로 들어가라. 우리가 주님을 신실하게 섬길 때 성령님께서 우리를 선지자와 제사장과 왕 같은 역할을 감당하도록 기름 부으시고 훈련하실 것이다. 모든 기름 부음과 높임이 하나님에게서 온다.

> 6 높이 세우는 그 일은 동쪽에서나 서쪽에서 말미암지 않고, 남쪽에서 말미암지도 않는다. 7 오직 재판장이신 하나님만이 이 사람을 낮추기도 하시고, 저 사람을 높이기도 하신다.
> (시 75:6-7)

41

부흥의 단비가 내리는 소리
THE SOUND OF ABUNDANCE RAIN - REVIVAL!

엘리야가 아합에게 말했다. 빗소리가 크게 들리니 이제는 올라가셔서 음식을 드십시오. (왕상 18:41)

맑은 하늘에 구름 한 조각 보이지 않았지만, 선지자 엘리야는 예언적으로 강한 빗소리를 듣고 아합왕에게 많은 비가 올 것이니 준비하라고 확신 있게 예언했다. 가혹한 가뭄이 3년 반이나 계속된 맑은 하늘에 큰비가 내린다는 엘리야의 예언은 불가능해 보였지만 결국 성취되었다. 정말 엘리야의 예언처럼 폭우가 쏟아졌다!

지금 우리에게 천국의 비가 내린다. 요엘서 2:28에서 모든 사람에게 나의 영을 부어주신다는 말씀은 곧 성령의 비, 부흥의 비를 의미한다. 만약 당신이 영적인 소리를 듣는 귀가 있다면 강한 비처럼 쏟아지는 부흥의 소리를 듣게 될 것이다.

> 그런 다음에 내가 모든 사람에게 나의 영을 부어 주겠다. 너희의 아들딸은 예언을 하고 노인들은 꿈을 꾸고 젊은이들은 환상을 볼 것이다. (욜 2:28)

부흥의 비, 성령의 비가 내리는 소리는 우리가 하나님께 영광스러운 노래를 부를 때, 격렬하게 중보 할 때, 주님 앞에서 기뻐할 때, 하나님을 예배할 때 울려 퍼진다. 마지막 때의 부흥과 성령의 부어짐은 이미 시작되었다. 부흥의 비는 신자들의 마음에 소망을 주고 많은 놀라운 기적을 일으킬 것이다. 이제 하나님의 기적을 준비하라! 이 부흥을 놓치지 말라!

> 1 광야와 메마른 땅이 기뻐하며 사막이 백합화처럼 피어 즐거워할 것이다. 2 사막은 꽃이 무성하게 피어 크게 기뻐하며 즐겁게 소리 칠 것이다. 레바논의 영광과 갈멜과 샤론의 영화가 사막에서 꽃 피며 사람들이 주님의 영광을 보며 우리 하나님의 영화를 볼 것이다. (사 35:1-2)

칠레 북부에 있는 아타카마 사막THE ATACAMA DESERT은 세계에서 가장 메마른 사막이다. 구름 한 점 없는 하늘 아래 오랫동안 뜨거운 태양으로 바짝 마른 모래가 한없이 펼쳐져 있는 아타카마 사막은 놀랍게도 연평균 강수량이 0~2.1mm이며 이것은 1년 내내 비가 내리지 않는 것과 같다.[3] 아타카마 사막은 소망과 생명 없음을 잘 보여 준다. 하지만 놀랍게도 최근에 아타카마 사막에 많은 비가 내렸다. 몇백 년간 메마른 죽음의 사막 아타카마에 비가 내리자 곳곳에 연못과 호수가 생겼고 생명이 태어났다.

비록 짧은 기간이었지만 사막의 풍경이 놀랍게 바뀌었다. 갖가지 식물이 싹 트고 푸른 잎과 꽃이 무성하게 자라 사막을 덮었다. 기상학자들은 다음 100년간 이런 일이 다시 일어나지 않을 것이라고 예견했으며, 이 진귀한 현상을 보려고 세계 각지에서 많은 과학자, 연구가, 사진작가, 식물학자, 여행가들이 몰려들었다. 이 놀라운 자연현상은 우리에게 소망의 가능성을 보여 준다.

> 주님께서 시온을 위로하신다! 그 모든 황폐한 곳을 위로하신다. 주님께서 그 광야를 에덴처럼 만드시고 그 사막을 주님의 동산처럼 만드실 때에 그 안에 기쁨과 즐거움이 깃들며 감사의 찬송과 기쁜 노랫소리가 깃들 것이다. (사 51:3)

메마른 아타카마 사막에 비가 내리자 꽃이 피어난 것처럼 영적으로 메마른 소망 없는 곳에 성령님의 비가 내리기 시작하면 부흥이 일어난다. 비가 변화를 일으킨다. 하나님을 찬양할 때 하늘의

---

[3]. 아타카마 사막은 서쪽의 태평양 연안과 동쪽의 안데스 산맥 사이 칠레 부근에 있으며 면적은 105,000 km²이다 강수량이 매우 적어서 국지적으로 강수량이 전혀 없는 곳도 있다. 기록에 따르면 1570년부터 1971년까지 401년간 단 한 번도 비가 내리지 않았다고 한다.

문이 열리고 성령의 단비가 내릴 것이다. 하나님을 예배하자!

시온에 사는 사람들아 주 너희의 하나님과 더불어 기뻐하고 즐거워하여라. 주님께서 너희를 변호하여 가을비를 내리셨다. 비를 흡족하게 내려주셨으니 옛날처럼 가을비와 봄비를 내려 주셨다. (욜 2:23)

"
**부흥의 비, 성령의 비가 내리는 소리는
우리가 하나님께 영광스러운 노래를 부를 때,
격렬하게 중보 할 때, 주님 앞에서 기뻐할 때,
하나님을 예배할 때 울려 퍼진다.**
"

42

하나님의 놀라운 집
THE AWESOME HOUSE OF GOD

16 야곱은 잠에서 깨어서 혼자 생각했다. 주님께서 분명히 이 곳에 계시는데도 내가 미처 그것을 몰랐구나. 17 그는 두려워하면서 중얼거렸다. 이 얼마나 두려운 곳인가! 이 곳은 다름아닌 하나님의 집이다. 여기가 바로 하늘로 들어가는 문이다. (창세기 28:16-17)

야곱은 꿈을 통해 하나님과 만나서 매우 놀랐다. 심지어 본문은 야곱이 두려워했다고 한다. 마지막 때에 속한 사람들은 야곱처럼 하나님을 만나게 될 것이다. 왜냐하면, 마지막 때에 예수 그리스도의 교회는 성령님께서 일으키시는 부흥으로 "놀라운 하나님의 집"이 되기 때문이다.

마지막 때의 교회는 하나님의 놀라운 임재를 느끼는 천국의 분위기로 가득하고 영광의 소리가 울려 퍼지며 악한 것을 심판하시는 하나님의 능력이 풀어지는 거룩한 장소가 될 것이다. 놀라운 하나님의 집이 된 교회는 천사들의 나타남과 방문이 빈번해지고, 하나님의 놀라운 임재로 경건한 두려움과 강한 확신, 거룩함의 증가가 있을 것이다.

성령님께서 능력으로 역사하신 초대교회 때에는 모든 사람이 하나님을 경외했던 것처럼 다시 한번 모든 사람이 하나님을 경외할 때가 올 것이다. 지금 일어나는 부흥의 중요한 특징 중 하나는 하나님을 경외하는 것이다.

> 모든 사람에게 두려운 마음이 생겼다. 사도들을 통하여 놀라운 일과 표징이 많이 일어났던 것이다. (행 2:43)

> 온 교회와 이 사건을 듣는 사람들은 모두 크게 두려워했다. (행 5:11)

> 이 일이 에베소에 사는 모든 유대 사람과 그리스 사람에게 알려지니 그들은 모두 두려워하고 주 예수의 이름을 찬양했다. (행 19:17)

여호와 하나님을 향한 경외감은 아래의 일들이 일어나게 한다.

1. 사람들이 신속하게 회개한다.
2. 사람들이 주님 앞에서 부드럽고 신중하게 행동한다.
3. 사람들이 하나님의 음성과 말씀에 주의한다.
4. 육적인 행동이 없어진다.
5. 교회 안의 마찰이 줄어든다.
6. 사람들이 말하는 것에 주의한다.
7. 진정한 부흥이 있다.

"
성령님께서 능력으로 역사하신 초대교회 때에는 모든 사람이 하나님을 경외했던 것처럼 다시 한번 모든 사람이 하나님을 경외할 때가 올 것이다.
"

43

부흥의 바람

THE WINDS OF REVIVAL

북풍아, 일어라. 남풍아, 불어라. 나의 동산으로 불어오너라. 그 향기 풍겨라. 사랑하는 나의 임이 이 동산으로 와서 맛있는 과일을 즐기게 하여라. (아 4:16)

바로 지금 이 땅 위에 부흥의 바람이 분다. 우리는 세계 곳곳에서 일어나는 부흥의 소식을 듣는다. 애써 부흥을 외면하다 하나님의 방문을 놓치지 말라. 이 세상의 항구에 덧없고 하찮은 것에 메여 있는 우리 인생의 배를 풀어놓아야 할 때다. 이 세상과 과거의 어떤 것도 우리의 예언적인 출항을 방해하지 못하게 하라. 뒤에 있는 것을 잊어버리고 앞에 있는 것을 붙잡으라고 권면한 사도 바울의 말을 기억하자.

13 형제자매 여러분, 나는 아직 그것을 붙들었다고 생각하지 않습니다. 내가 하는 일은 오직 한 가지입니다. 뒤에 있는 것은 잊어버리고 앞에 있는 것을 향하여 몸을 내밀면서 14 그리스도 예수 안에서 하나님께서 위로부터 부르신 그 부르심의 상을 받으려고 목표점을 바라보고 달려가고 있습니다.
(빌 3:13-14)

지금은 닻 WEIGH ANCHOR 을 올릴 때다. 죄의 무거운 짐과 이 세상의 걱정거리가 우리를 무겁게 해서는 안 된다. 우리의 모든 짐을 우리를 돌보시는 주님 앞에 내려놓아야 한다. 일어나서 주님을 기뻐하라! 무거운 영을 벗어버리고 그리스도께서 주신 자유로움으로 강하게 일어나서 다시는 속박의 멍에를 메지 마라! 우리는 방해받지 않고 성령님과 자유롭게 움직이도록 우리의 영을 가볍게 하자.

그리스도께서 우리를 해방시켜 주셔서 자유를 누리게 하셨습니다. 그러므로 굳게 서서 다시는 종살이의 멍에를 메지 마십시오. (갈 5:1)

지금은 돛 SAIL 을 펴서 부흥의 바람을 맞을 때다. 예배의 돛을 활짝 펼쳐서 성령님의 바람을 가득 받을 때 우리가 앞으로 나가도록 힘을 주신다. 돛은 우리 삶의 각기 다른 영역을 나타낸다. 바람의 힘을 받으려면 약해진 돛을 수선해야 한다. 우리가 만일 삶의 여정이 순탄하고 빠르게 풀리기 원한다면 삶의 연약한 영역이 치유되어야 한다. 주님께 내어드려 주님께서 만지신 삶의 모든 영역이 바람으로 활짝 펼쳐진 돛과 같다. 삶이라는 배에 영광의 바람으로 활짝 펼쳐진 돛을 올리는 것이 성령님의 능력 안에서 아름다운 삶을 사는 비결이다.

바다 위에서 더 순탄하고 신속하게 항해하려면 돛과 키의 각을 바람의 방향에 맞춰야 한다. 우리는 오랫동안 불완전했기 때문에 마음을 성령님께 맞춰야 한다. 성령님의 바람에 민감한 사람은 영적인 돛과 키를 다른 사람보다 더 빠르게 조작하며 많은 것을 성취할 것이다. 하나님의 바람을 붙잡아라! 하나님께서 보내시는 부흥의 바람이 교회들을 앞으로 나가게 하며, 많은 사람을 열방으로 보내실 것이다. 부흥의 바람이 교회 안에 표적과 기사와 이적을 증가시키고 새로운 기름 부음을 일으킬 것이다.

지금 부흥의 바람이 강하게 불어온다. 안락하고 편안한 세상의 항구에 정박하지 말고 육적으로 얽매는 모든 것을 끊어 부흥의 바람을 타고 광활한 하나님의 바다로 출항하자.

> "
> **영적인 모험을 시작하라!**
> **닻을 올려라! 돛을 펼쳐라!**
> **성령님 안에서 자유롭게 항해하라!**
> "

부록

예언적 예배를 경험한 사람들의 간증

우리 교회는 예언적 예배의 능력을 경험한 사람들에게 수많은 놀라운 간증을 받았다. 아래에 적혀 있는 간증들은 우리가 받은 간증 중에 일부를 발췌한 것이다.

"예배 팀에서 이렇게 강한 기름 부음을 경험한 것은 이번이 처음입니다. 예배하는 동안 하나님의 영광의 무게를 느꼈습니다. 저는 이 놀라운 기름 부음이 싱가포르의 우리 교회에 부어지기 원합니다."

"찬양하고 예배할 때 천사들이 우리를 둘러싸고 섬기는 것을 보았습니다."

"제가 경험한 예배는 이 세상의 것이 아니었습니다. 분명 천상의 예배였습니다."

"우리가 예배를 시작할 때 주님께서 이곳에 오시는 환상을 보았습니다. 저는 우리 위에 하나님의 영광이 있는 것과 하나님께서 임하시는 것을 보았습니다."

"하나님은 천국 일부를 우리 모임에 보여 주셨습니다. 진정으로 천상 그 자체였습니다."

"이 집회는 저에게 찬양과 예배가 즐거운 것이라는 사실에 눈뜨게 했습니다."

"우리 가족은 미국에 살지만, 예언적 예배를 경험하려고 수천 마일을 여행해서 말레이시아로 왔습니다."

"이 예배의 진가를 인정합니다. 회중 모두가 주님을 예배하는 동안 저는 하나님의 능력을 경험했고 제 마음에 불이 다시 붙기 시작하는 것을 느꼈습니다."

"이 땅에서 천상의 예배를 경험했습니다."

"나흘의 집회 기간에 명확한 주님의 음성을 들었습니다. 하나님의 마음을 느끼고자 하는 저의 갈망이 주님께서 말씀하실 때 이뤄졌습니다.

예배와 찬양 시간에 지금까지 제가 경험했던 가장 깊은 영적인 체험보다 더 깊은 것을 경험했습니다."

"이 예배는 놀랍습니다!"

"처음으로 예배 도중에 천사들이 오르락내리락하는 것을 보았습니다."

"이 집회는 제가 이전에 경험했던 집회와는 달랐습니다. 매우 극적이었던 예배는 결코 잊을 수 없을 것입니다"

"우리는 분명 새로운 예배의 차원, 즉 영광스러운 예배로 들어갔습니다."

"저는 이번 집회에서 처음으로 몇 가지 놀라운 경험을 했습니다. 여러 번 불이 임하는 것을 보았고 천사의 날개를 느꼈으며 굉장한 능력의 기름 부음을 받았습니다. 저는 성령님의 만지심으로 2시간 반 동안이나 바닥에 누워 있어야 했습니다. 집회에 참석한 많은 회중이 기도 시간에 모여들었습니다. 기도는 굉장히 뜨거웠습니다. 회중이 손을 높이 들고 목소리 높여 각자 방언으로 기도할 때, 마치 기도의 능력으로 건물이 흔들리는 것 같았습니다. 오랫동안 기도한 후,

바닥에 앉아서 저의 손을 높이 들고 잠잠히 주님을 기다렸습니다. 그때 뚜렷한 환상을 보았습니다. 저는 주님의 군대가 싸우는 것을 보았고 그 소리를 들었습니다. 주님의 군사들의 발이 땅을 흔들었습니다. 장군의 목소리가 울려 퍼졌고, 명령을 외치는 그 강력한 목소리에 주님의 군사들은 순복했습니다. 그 군사들은 질서 있게 통제에 따랐습니다. 이 환상에서 들은 주님의 음성은 이것입니다. '예언적 예배와 기도로 전 세계의 여리고 성벽이 무너질 것이다.'"

1 할렐루야. 주님의 성소에서 하나님을 찬양하여라. 하늘 웅장한 창공에서 찬양하여라. 2 주님이 위대한 일을 하셨으니 주님을 찬양하여라. 주님은 더없이 위대하시니 주님을 찬양하여라. 3 나팔 소리를 울리면서 주님을 찬양하고 거문고와 수금을 타면서 주님을 찬양하여라. 4 소구 치며 춤추면서 주님을 찬양하고 현금을 뜯고 피리 불면서 주님을 찬양하여라. 5 오묘한 소리 나는 제금을 치면서 주님을 찬양하고 큰소리 나는 제금을 치면서 주님을 찬양하여라. 6 숨쉬는 사람마다 주님을 찬양하여라. 할렐루야. (시편 150)

벧엘북스 도서 안내

승리의 종말론

주님의 몸된 교회는 계속해서
주님의 영광을 향해 성장하며 더욱 더 연합되어
이전에 보지 못한 하나님의 권능을 나타내고,
사탄은 결단코 이 세상을 장악하지 못할 것이다.
우리 주 예수 그리스도께서 만주의 주, 만왕의 왕으로서
모든 대적을 그 발아래 굴복시키실 것이다!

값 16,000원

요한계시록 주석 : 과거주의 견해

많은 성도들이 요한계시록을
신화적인 허구나 어려운 책으로 생각한다.
이 책은 요한계시록을 성경 본문의 문맥과
기록 당시의 정황을 통해 풀어 나간다.

값 11,000원

하나님의 사랑받는 자녀가 되다

이 책은 하나님 아버지의 가족으로 입양되어
양자 된 우리의 정체성을 입양을 통해 설명해 줍니다.
입양된 아이들이 경험하는 여러 가지 힘겨움은
우리가 하나님 나라에서 경험하는 것과 아주 비슷합니다.
이 책을 읽는 동안 여러분이 하나님 아버지의 사랑과
더 깊은 연결점을 발견하게 되기를 기도합니다.

값 7,500원

지성소

성령님께서 지금 이 시간 그리스도의 거룩한 신부들이
지성소로 들어가도록 부르신다.
하나님께서 가장 높고 은밀한 지성소에서
천국의 사명과 계시, 하나님의 뜻과 거룩한 부르심을 주시고
이것을 성취할 수 있는 권능을 주신다!

값 10,000원

벧엘북스 후원 요청

안녕하세요 벧엘북스 대표 한성진 목사 인사드립니다.

국내 출판 업계 불황과 함께 기독교 출판 역시 큰 어려움을 겪고 있습니다. 벧엘북스는 출판이 돈을 벌기 위한 "사업"이 아니라 하나님의 부르심에 따른 "사역"이라고 믿고 진행하고 있습니다. 한 권의 책이 출간되기 위해서 저자와 출판사 간의 계약, 로열티 지불, 번역, 교정, 교열, 내지 및 표지 디자인과 같은 다양한 요소들이 존재합니다. 여러분의 관심과 후원으로 도서출판을 같이 세워 주십시오.

http://go.missionfund.org/bbooks

"미션펀드에서 벧엘북스를 검색해주세요"

※ 월 2만 원 이상($20) 후원자께는 향후 출판되는 도서나 음악 앨범을 무료로 보내드립니다.

※ 신청해 주신 후, 미션 펀드에서 070 번호로 된 후원 확인 전화가 갑니다. 이 전화를 꼭 받아 주셔야 후원이 완료됩니다.

※ 자동이체는 일괄적으로 매월 25일에 이루어집니다.

※ 단회적 후원을 원하시는 분들은 **우리은행 1002-336-011545(한성진)**계좌를 이용해 주십시오.

문의 : 070-8118-4967(문자 가능)

예언적 예배의 능력

지은이 : 데이비드 스완
옮긴이 : 간정혁
표 지 : 조종민

펴낸이 : 한성진
펴낸날 : 2018년 1월 21일
펴낸곳 : 벧엘북스 BETHEL BOOKS
등 록 : 2008년 3월 19일 제 25100-2008-000011호

주 소 : 서울시 강남구 봉은사로 71길 31, 한나빌딩 지층 070-8118-4967
웹사이트 : www.facebook.com/BBOOKS2 또는 페이스북에서 '벧엘북스' 검색
총 판 : (주) 비전북 031-907-3927
I S B N : 978-89-94642-02-4

※ 잘못된 책은 교환해 드립니다.

※ 책 값은 뒷표지에 있습니다.